JN430165

용기를 내어 당신이 생각하는 대로 살아야 합니다.
그렇지 않으면 머지않아 당신은 사는 대로 생각하게 될 것입니다.
– 폴 부르제(프랑스의 시인, 철학자)

Il faut vivre comme on pense,
sans quoi l'on finira par penser comme on a vécu.
– Paul Bourget

터닝포인트는 삶에 긍정적 변화를 일으키는 좋은 책을 만들기 위해 최선을 다합니다.

유행을 타지 않는

친절한
심플 홈패션
DIY

정호정 박소영 지음

터닝
포인트

친절한 DIY 교과서 NO. 022

유행을 타지 않는
친절한 심플 홈패션 DIY

2023년 6월 10일 초판 1쇄 발행
2023년 6월 20일 초판 1쇄 발행

지은이　　정호정, 박소영
펴낸이　　정상석
기획　　　아홉번째서재
북 디자인　앤미디어
일러스트　홍수정
작품 및 과정 사진 촬영　아홉번째서재
스타일링　진은영

펴낸 곳　　터닝포인트
등록번호　2005. 2. 17 제6-738호
주소　　　(03993) 서울시 마포구 동교로 27길 53 지남빌딩 308호
대표전화　(02)332-7646
팩스　　　(02)3142-7646
홈페이지　www.diytp.com
ISBN　　　979-11-6134-140-8 13630
정가　　　22,000원

내용 및 원고 집필 문의　diamat@naver.com
(터닝포인트는 삶에 긍정적 변화를 가져오는 좋은 원고를 환영합니다.)

※ 이 책은 〈친절한 북유럽 스타일 홈패션 DIY〉의 개정판입니다.

머리말

홈패션 책을 처음 출간한 게 2009년이었습니다. 벌써 14년이라는 시간이 지나갔습니다. 20년 넘게 강의해오면서 처음 책을 출간했을 때 기쁨을 잊을 수가 없었습니다.

책을 출간한다는 것이 쉬운 일이 아닐 거라는 생각은 하면서 무작정 도전했던 시간이 그렇게 지나가고 두 번째에 이어 세 번째 네 번째 책까지 출간하게 되었습니다.

새로운 책을 낼 때는 좀 더 특별하고 좋은 작품들을 내고 싶어 많은 고민을 했어요. 그러다 떠오른 아이디어가 바로 생활에 꼭 필요한 소품들로 이루어진 쉽게 만들 수 있는 홈패션 책이었어요. 최근 인기 많은 누구나 쉽게 접할 수 있는 원단을 이용해 좀 더 독자들과 가까워지고 싶었습니다.

유행을 타지 않는 스타일을 적용하기 위해 당연히 먼저 생각한 것은 원단이었습니다. 다음엔 만드는 과정이었는데요. 유행을 타지 않는 스타일을 가만히 살펴보고 있노라니 원단 자체에서 오는 심플함. 즉 단순함이 주는 매력이 상당하더군요. 그래서 많은 작품을 만드는 것도 중요하지만 만드는 과정도 단순해야겠다는 판단이 들었습니다. 그러다 보니 난이도 있는 작품들보다 비교적 많이 쓰이는 실생활에 사용도가 높은 소품들이 좋겠다는 결론을 내었습니다. 무엇보다 초보자들이 이해하기 쉽고 재봉틀 사용에 어렵지 않은 작품들로 만들어야 보는 사람도 만족하고, 작품을 만드는 저희도 즐겁겠다는 생각이었습니다.

홈패션으로 만든 작품이 수없이 많지만 이렇게 책으로 표현한다는 것이 참 어려운 일이었습니다. 같은 작품만 수도 없이 반복했고 재봉틀의 바늘이 부러지기도 하고, 잘못 박음질해서 뜯기도 하고, 다 했는데 방향을 잘못하여 되돌리는 작업 등 힘든 일이 다 지나고 나니 후련해지기보단 오히려 다시 시작하는 기분이 듭니다.

홈패션으로 내가 좋아하는 가방을 만들고 필요한 소품들을 만드는 것은 참 매력적인 일입니다.

처음에는 취미로 시작하다가 지금은 생업으로 하고 있지만 일로만 생각하지 않고 좋은 아이디어와 이아템이 있으면 언제든지 원단을 자르고 재봉틀을 드르륵 소리 내며 작업하고 있는 모습을 보면 어쩔 수 없는 중독인가 하는 생각이 듭니다. 취미와 일은 중독처럼 나도 모르게 하고 있을 때, 즐겁게 이겨내고 있을 때가 가장 멋진 모습 같습니다. 여러분도 유행을 타지 않는 스타일의 원단과 홈패션의 만남으로 더욱 예쁜 자신만의 집과 자신을 꾸며보세요. 그리고 가장 행복한 마음으로 홈패션에 도전해 보시기 바랍니다.

정호정, 박소영

유행을 타지 않는 생활에 필요한 심플 홈패션 DIY

유행을 타지 않는 스타일은 오래전부터 인기를 얻고 있습니다. 모던하면서 실용적이고 친환경을 중요하게 생각하는 스타일이라는 느낌 때문에 여러 나라에서도 많은 관심과 인기를 얻고 있는 것 같습니다. 특히 아이들 방과 거실 등 집안 환경을 꾸미는 여성들에게서 더욱 많은 인기를 끌고 있습니다.

유행을 타지 않는 스타일의 아이템들은 실용적이면서도 편안한 느낌을 줍니다. 특히 쿠션이나 방석 등과 같은 실용적인 아이템들은 많은 손을 들이지 않고도 감각적인 집안 스타일을 연출할 수 있어 많은 인기를 얻고 있습니다.

초보자들도 원단만 잘 사용하면 단순하면서도 심플한 디자인을 할 수 있습니다. 책에서 이용한 원단 외에도 인터넷이나 동대문 종합시장 원단 등을 잘 활용하면 자신이 원하는 분위기로 집안 인테리어에 한몫을 할 수도 있습니다. 처음 재봉틀을 시작하는 것이 어려울지 모르지만 한 번 시작하면 뗄 수 없다고 합니다.

중독성이 강한 홈패션과 인기 많은 원단의 만남은 당연한 것이었을지도 모릅니다.

책에서는 디자인의 특징인 심플하고 모던하면서도 감각적인 느낌을 살려 홈패션을 이용한 다양한 38가지 작품들로 꾸며보았습니다. 또 만들기 과정을 다 담지는 않았지만 쉽게 만들 수 있는 13가지의 응용작을 담았습니다. 기쁘게 만들 수 있는 작품들은 처음 재봉틀을 손에 잡는 사람들에게도 친숙하게 다가갈 수 있습니다.

집안의 인테리어 그리고 오래도록 남을 수 있는 다양한 패턴과 새로운 디자인으로 소중한 가족과 지인들에게 선물할 수 있는 작품들을 만들어 가족과 함께 하는 시간이 늘고 행복해진다면 더할 나위 없겠지요.

Image Contents

03 심플하고 모던한 주방과 욕실 꾸미기

04 아웃도어와 휴대용품 만들기

다른 원단! 또 다른 느낌!

다른 원단! 또 다른 느낌!

05 핸드메이더의 로망 가방과 파우치

다른 원단! 또 다른 느낌!

다른 원단! 또 다른 느낌!

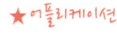

카드지갑&여권지갑 **241**

퍼프바구니 **242**

친환경 에코백 **246**

★ 어플리케이션

에코백 **251**

다른 원단! 또 다른 느낌!

에코백

크로스가방 **252**

다른 원단! 또 다른 느낌!

크로스가방

★ 어플리케이션

패치워크 크로스가방
259

백팩 **260**

여행용 가방 **266**

목차 Contents

〈유행을 타지 않는 친절한 심플 홈패션 DIY〉
동영상 QR코드 200% 활용하기

이 책은 홈패션으로 다양한 소품 등을 쉽게 만들 수 있도록 동영상 강의를 제공합니다. DVD를 따로 제공하지 않고 스마트기기 등을 활용한 QR코드로 연동하여 어디서나 쉽게 볼 수 있습니다. 책을 보다가 이해되지 않는 부분은 동영상(QR) 강의를 활용하세요. 홈패션에서 기본적인 기법과 만들기 과정을 처음부터 끝까지 빠짐없이 상세한 설명으로 담았습니다.

동영상 QR코드

6가지 만들기 동영상 강좌와 홈패션 기본 기법인 바이어스 만드는 방법을 담았습니다. 스마트기기를 이용하여 QR코드를 사용할 때는 동영상 강좌가 길기 때문에 데이터 이용료가 발생하니 WIFI 지역에서 데이터 사용을 WIFI로 제한하고 설정을 변경하여 사용하기 바랍니다. 모든 동영상 강좌는 무료로 볼 수 있지만 스마트기기에서 사용하는 데이터 이용료는 무료가 아니니 동영상 사용에 착오가 없길 바랍니다. PC에서 볼 때는 네이버 '행복한 취미생활 DIY 카페(http://cafe.naver.com/diytp)'나 http://www.diytp.com으로 접속하여 무료로 볼 수 있습니다.

홈패션 기본 기법

홈패션에서 가장 많이 사용하는 바이어스 재단부터 연결, 싸기 과정을 담았습니다. 또한 침구류나 큰 작품을 만들 때 사용하는 ㄱ자 바이어스 싸는 방법까지 동영상으로 담았습니다.

바이어스 재단하기
34쪽
1분 52초

바이어스 연결하기
34쪽
1분 38초

바이어스 싸기
35쪽
3분 28초

ㄱ자 바이어스 싸기
38쪽
9분 18초

홈패션 작품 따라하기

이 책에 실린 작품 중 6가지를 선별하여 만드는 방법을 처음부터 끝까지 담았습니다. 보고 싶은 동영상 강의의 QR코드를 선택하여 보세요. 만들기 작품의 영상은 용량이 크고 장시간에 보아야 하기 때문에 꼭 WIFI 지역에서 사용하세요.

2-02. 원티슈커버

48쪽
29분 4초

2-04. 실내화

62쪽
14분 19초

3-17. 주방용냄비집게

130쪽
9분 37초

5-31. 필통파우치

218쪽
36분 58초

5-32. 핸드폰파우치

226쪽
12분 04초

5-35. 친환경 에코백

246쪽
12분 3초

QR코드 동영상 강의 사용법

안드로이드 OS 스마트 폰 사용자

안드로이드 OS(국내 스마트폰 모든 기종)를 사용하는 사용자는 "Play 스토어" 또는 "구글플레이" 앱을 실행하여 검색창에서 "QR코드"를 검색한 후 원하는 앱을 설치하세요.

1. Play 스토어 앱을 실행한 후 "QR코드" 또는 "에그몬(영문:eggmon)"을 입력한 후 검색(Search)을 누릅니다.
2. 필요한 앱을 설치합니다(책에서는 에그몬 앱을 설치하였습니다).
3. 실행한 후 바코드 탭과 QR코드 탭에서 QR코드 탭을 누른 후 QR코드가 있는 곳에 화면을 가져다 댑니다.
4. QR코드에 저장된 링크로 화면이 바뀌면 동영상을 클릭하여 실행합니다.

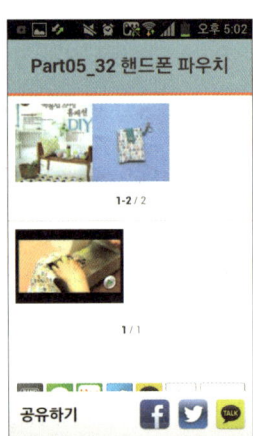

IOS 아이폰 사용자

아이폰 사용자는 앱스토어(App Store)에서 "QR코드"를 검색하여 필요한 앱을 설치합니다.

1. 앱스토어에 접속한 후 검색창에 들어가 "QR코드" 또는 "에그몬(영문:eggmon)"을 입력한 후 검색(Search)을 누릅니다.

2. 필요한 앱을 설치한 후 앱을 실행합니다(책에서는 에그몬 앱을 설치하였습니다).

3. 실행한 후 바코드 탭과 QR코드 탭에서 QR코드 탭을 누른 후 QR코드가 있는 곳에 화면을 가져다 댑니다.

4. QR코드에 저장된 링크로 화면이 바뀌면 동영상을 클릭하여 실행합니다.

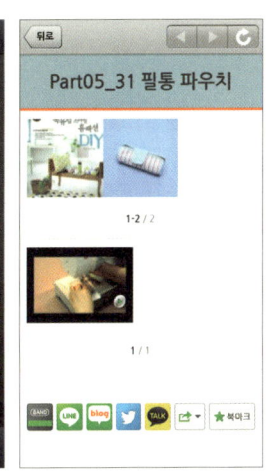

〈유행을 타지 않는 친절한 심플 홈패션 DIY〉
200% 활용하기 ▲▲▲

● **만들 DIY 작품 :** 이 책에서 만들 완성 작품 사진을 보여줍니다.

② **동영상/QR코드 :** 스마트기기를 이용하여 이 책에서 소개하는 6가지 만들기 동영상을 볼 수 있습니다.

③ **예상 재료비 :** 독자의 편의를 돕기 위해서 개별 작품을 만드는 데 필요한 원단과 부재료만을 계산한 예상 비용을 소개했습니다. 때문에 실제 제작할 경우에는 비용이 달라질 수 있으므로 참고용으로만 활용해주세요.

④ **난이도 :** 작품 제작의 난이도를 ● 1~5개까지 구분하여 표시합니다. 검은 동그라미가 많을수록 난이도가 높아집니다.

⑤ **완성 크기 :** 이 책에 소개된 재단과 과정을 따라 만들었을 경우의 작품 사이즈입니다.

⑥ **재료 :** 작품을 만드는 데 필요한 원단과 부자재 등을 소개합니다.

⑦ **재단하기 :** 작품을 만들기 위해 원단을 재단하는 방법을 소개합니다.

⑧ **실물본 :** 실물본이 있는 작품에는 부록 도안과 함께 제공됩니다.

⑨ **세부 제작 과정** : 세부 제작 과정의 제목입니다.

⑩ **친절한 제작 과정 따라하기** : 제작 과정을 상세하고 친절하게 사진과 함께 소개합니다.

⑪ **Tip** : 작품을 만들면서 작가의 노하우나 필요한 내용을 소개합니다.

⑫ **다른 원단! 또 다른 느낌!!** : 책에서 설명한 재단 방법과 설명대로 디자인이 다르거나 원단의 재질, 색감이 다른 원단만 잘 선택해도 만들기 과정에서 설명한 작품과 전혀 다른 느낌의 새로운 작품을 만들 수 있답니다.

⑬ **Application** : 본문에서 다룬 작품 외의 응용 작품이나 비슷한 작품들의 제작 방법 등을 소개합니다.

▶▶ **인터넷을 통한 지속적인 서비스**

이 책과 관련하여 궁금한 내용은 터닝포인트 홈페이지(www.diytp.com)나 네이버 카페(http://cafe.naver.com/diytp)를 통해 문의해주세요. 사이트를 통해 필요한 자료와 정보를 지속적으로 제공합니다.

▶▶ **내가 만든 작품 자랑하기**

터닝포인트 홈페이지 www.diytp.com에 유행을 타지 않는 〈친절한 심플 홈패션 DIY〉 책을 보고 만든 작품의 제작 과정이나 에피소드, 완성품, 또는 나만의 창작품 등을 올려주세요. 다른 독자들과 함께 정보를 공유하고 우수 회원을 뽑아 시상도 한답니다.

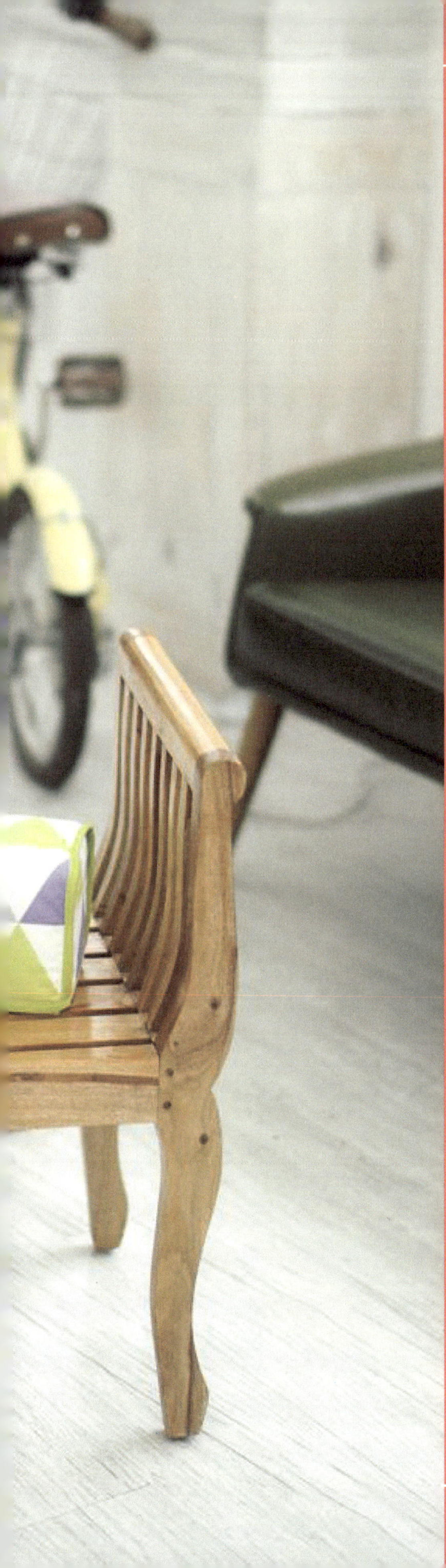

PART 01

홈패션,
심플 원단을
만나다

홈패션은 집안에 필요한 생활소품과 의류 등을 만들고 꾸미는 즐거운 공예입니다. 최신의 트랜드를 담은 다양한 심플 원단을 이용한 다양한 소품들을 만나보세요. 작품들을 만나기 전에 홈패션에 필요한 재봉틀 사용법과 바이어스 방법 등을 살펴봅니다.

홈패션과
심플 원단 ▲ ▼ ▼ ▲

심플한 원단으로 만드는 홈패션

재봉틀을 이용하여 집안에 다양한 생활소품을 직접 만들어 보세요. 최근 유행하고 있는 심플 원단을 가미하여 자연스럽고 감성적인 인테리어 공간으로 집을 꾸며보면 어떨까요? 심플 스타일은 인테리어, 소품, 디자인 등 다양한 모습으로 인기를 얻고 있습니다. 원단 시장에도 심플 원단이 많은 인기를 끌고 있는데요, 감각적이면서 자연스러운 심플 원단과 홈패션이 만나면 집안이 더욱 풍성하고 아름다워지겠죠. 단순한 듯 반복되는 패턴이 모여 심플만의 고급스러운 분위기를 낼 수 있답니다.
홈패션과 심플 원단을 이용한 다양한 작품을 이 책에서 만나보세요. 어렵지 않아 자주 만들어보고 싶은 작품들을 소개하였습니다.
무엇을 만드는가는 여러분의 몫입니다. 이제 재봉틀로 가서 원단을 재단하고 멋진 작품을 만들어 보세요.

심플 원단과 구입처

심플 원단에는 옥스퍼드, 20~30수평직, 컷트지, 리넨, 라미네이트(방수천), 계절원단 등 다양한 원단으로 구성되어 있습니다. 딱히 심플 원단이 특별하게 나오는 것은 아니고 심플 스타일의 무늬를 원단에 표현하여 다양하게 판매되고 있는데, 디자인이 단순하거나 같은 그림의 패턴이 반복되어 볼수록 편하고 산뜻한 기분이 드는 무늬의 원단들입니다. 책에서 사용한 원단은 평직원단, 옥스퍼드, 아즈노미, 리넨, 광목누비 등을 주로 사용하였습니다.

20, 30수 평직원단

주름을 줄무늬처럼 짜낸 평직원단은 광택이 없는 가장 기본적인 짜임새를 가진 원단으로 관리가 편하고 촉감 자체도 가볍고 편합니다.

옥스퍼드 원단

일반 면보다는 두껍습니다. 재질이 거칠고 미끄럼이 덜한 원단이라 주방용으로 사용하기에 제격입니다. 앞치마나 식탁보, 주방장갑, 러너용으로 많이 사용되고 있으며 10~20수까지 있습니다.

아즈미노 원단

수입된 일본 원단으로 일반 원단보다 두께가 좀 있어서 퀼트 원단으로 많이 사용됩니다.

리넨 원단

면과 마가 섞인 원단으로 통풍성이 좋습니다. 시원한 느낌이 있어 여름에 많이 사용하기도 하는 원단입니다. 커튼이나 소품 등 다양한 작품에 사용되고 있습니다.

광목누비 원단

광목누비 원단은 주로 겉감에 덧대어 안감으로 활용합니다. 광목원단에는 생지, 투일, 워싱, 옥스퍼드, 캔버스지 등 다양한 원단이 있습니다.

원단을 구입할 때는 주로 동대문 종합시장을 이용한 오프라인 구매가 저렴하고 한두 번 이용하면 택배로도 편리하게 이용할 수 있습니다. 질이 좋은 원단이나 특별한 원단을 구매하고 싶다면 직접 발품을 팔아서 구매하는 것도 좋은 방법입니다. 원단을 자주 구입한다면 동대문종합시장에 나가 단골을 만드는 것도 좋습니다. 각종 부자재 또한 취급하는 곳이 많기 때문에 서울에서는 주로 동대문종합시장을 많이 이용합니다. 심플 원단은 지하1층에서 구입할 수 있고, 수입원단이나 퀼트원단은 5층에서 구입하면 됩니다. 대구에서는 서문시장에 가면 염색원단, 천연, 수입 원단 등을 취급하는 큰 규모의 상가들이 많이 있습니다. 최근에는 인터넷에도 많은 원단 가게가 생겨서 간단한 주문만으로도 원단을 받을 수가 있는데요, 특히 구하기 힘든 일본, 영국, 미국 등 다양한 나라들의 수입원단을 만나 볼 수가 있습니다. 저렴한 곳도 꽤 많지만 원단에 따라 가격이 조금 비쌀 수도 있습니다.

부자재 소개 ▲ ▼ ▶ ▲

이 책에서 사용된 홈패션 부자재를 소개합니다.

❶ 퀼트실 : 손바느질할 때 사용하는 실입니다.

❷ 재봉실 : 일반 재봉할 때 사용하는 기본 실입니다.

❸ 북도리 : 밑실용 실패 장치로 실을 끼워 사용하는 장치입니다.

❹ 시침핀, 침봉 : 원단을 박음질할 때 밀리지 않도록 하기 위해 꽂는 핀으로 시침핀을 침봉에 꽂아 사용하면 편리합니다.

  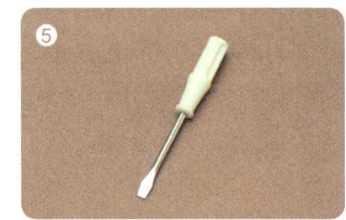

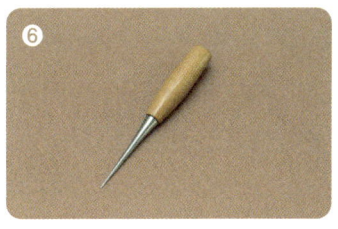

❶ 평노루발 : 직선박기나 지그재그 박음질할 때 가장 일반적으로 사용하는 노루발입니다.

❷ 외노루발 : 파이핑이나 지퍼를 박음질할 때 사용합니다. 지퍼노루발로도 불립니다.

❸ 말아박기 노루발 : 프릴이나 끝단을 말아서 박음질할 때 사용하는 노루발입니다.

❹ 단춧구멍 노루발 : 원단에 단춧구멍을 뚫을 때 사용합니다.

❺ 드라이버 : 노루발을 교체할 때 사용합니다.

❻ 송곳 : 재봉틀을 사용할 때 원단을 고정하거나 구석의 각을 정리할 때 사용하면 편리합니다.

❼ 실뜯개 : 잘못된 박음질을 했을 때 실을 뜯거나 수정할 때 사용합니다.

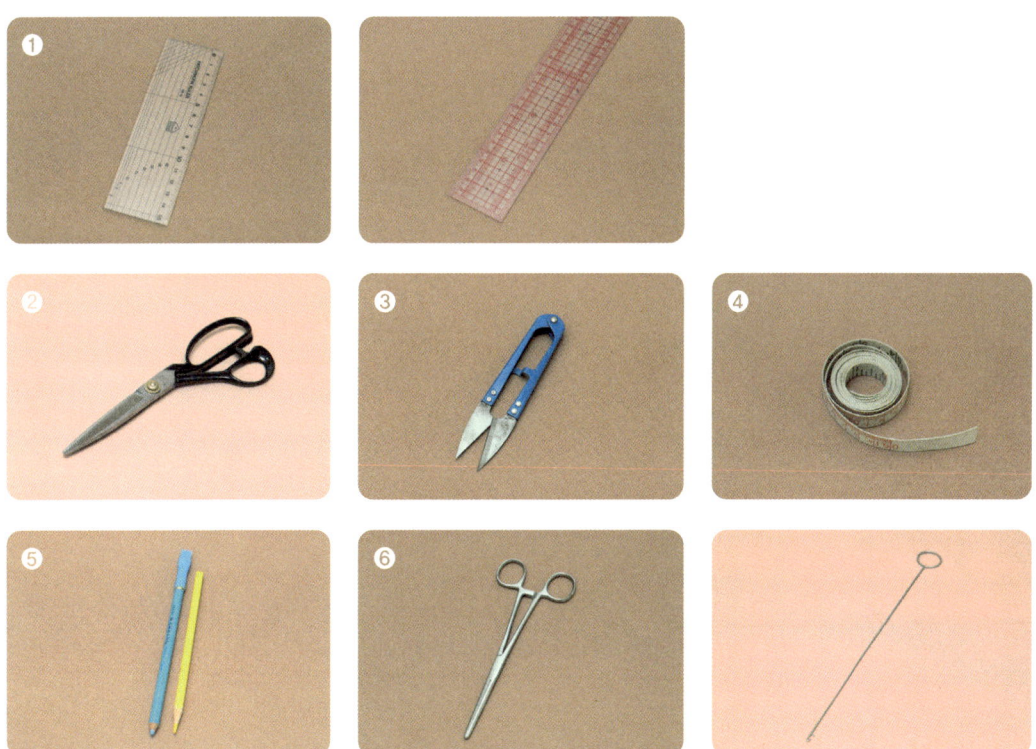

❶ 시접자, 50cm : 천을 재거나 재단할 때 사용하는 자로 길이는 다양합니다.

❷ 재단용 가위 : 일반적인 원단을 재단할 때 사용하는 가위입니다.

❸ 쪽가위 : 실밥을 뜯거나 만들어진 작품을 정리할 때 사용하는 가위로 재봉할 때 가장 많이 쓰입니다.

❹ 줄자 : 큰 원단에 사용하거나 원형모양, 이불, 커튼 등에 사용하는 자입니다.

❺ 쵸크펜 : 재단하거나 원단에 표시를 할 때 사용하는 펜입니다.

❻ 뒤집게 : 뒤집기 힘든 원단을 뒤집을 때 사용하는 도구로 가위집게와 길다란 집게가 있습니다.

❶ 웨빙끈 : 가방이나 메는 끈으로 주로 사용됩니다.

❷ 슬라이더 : 지퍼에 사용되는 손잡이입니다.

❸ 지퍼 : 파우치나 가방 등을 여닫을 수 있도록 사용됩니다.

❹ 파이핑 : 이불이나 쿠션, 베개, 방석 등 원단 끝에 둘레 박음질하여 단단하게 잡아주는 역할을 합니다.

❺ 스티커 : 심플한 원단에 포인트를 주거나 할 때 다림질로 붙여서 사용합니다.

❻ 라벨 : 핸드메이더들이 작품을 만들어 표시하는 수단으로 수제품을 표시해주는 라벨입니다.

❶ 구름솜 : 쿠션이나 베개 등에 사용합니다.

❷ 방울솜 : 인형이나 신생아 관련 제품 등에 상용하며 구름솜보다 질이 좋습니다.

❸ 패딩솜 : 이불 뒤판이나 쿠션의 앞판에 덧대어 사용합니다.

❹ 접착솜 : 얇은 원단에 접착하여 힘을 주기 위해 사용합니다.

재봉틀 사용법

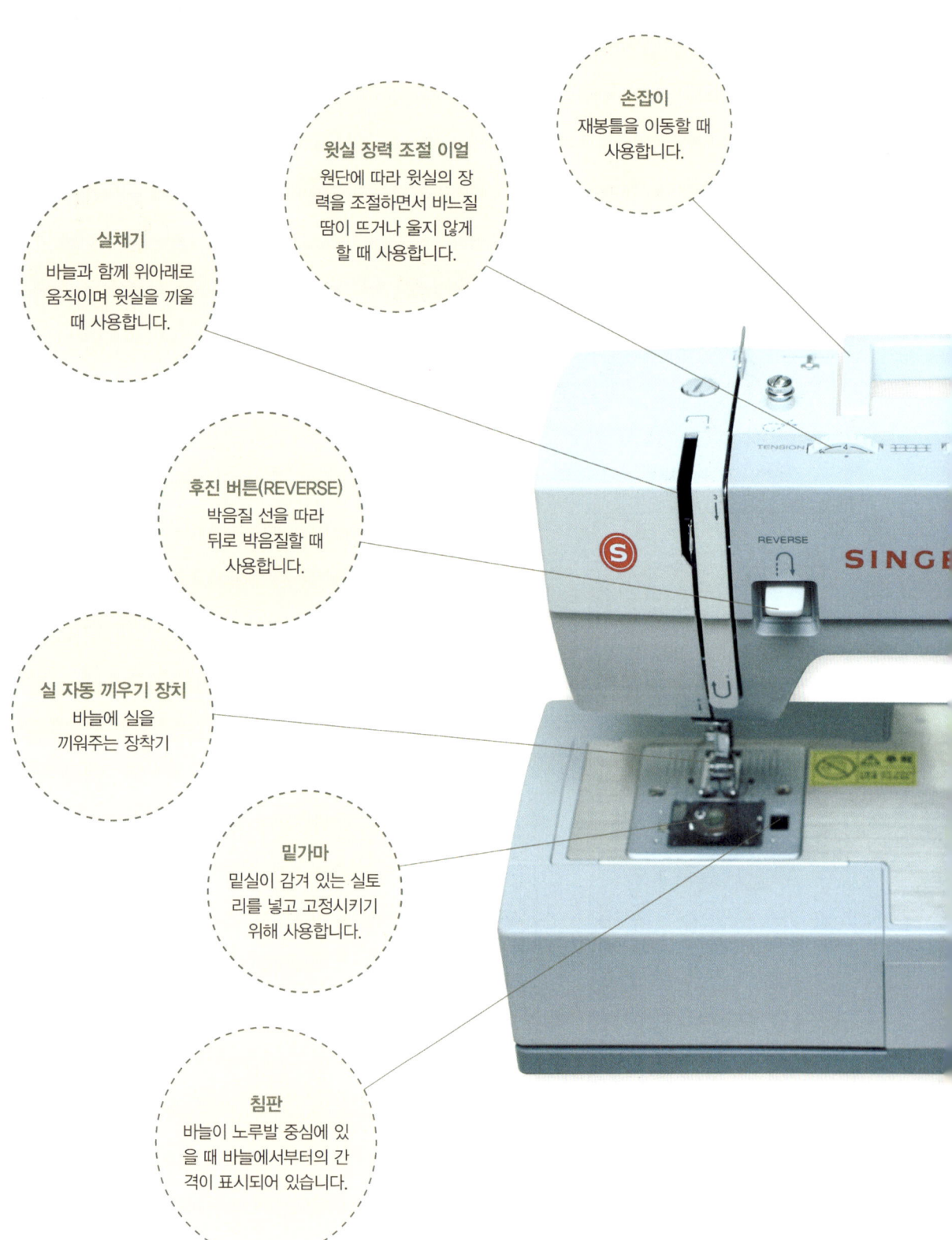

손잡이
재봉틀을 이동할 때
사용합니다.

윗실 장력 조절 이얼
원단에 따라 윗실의 장
력을 조절하면서 바느질
땀이 뜨거나 울지 않게
할 때 사용합니다.

실채기
바늘과 함께 위아래로
움직이며 윗실을 끼울
때 사용합니다.

후진 버튼(REVERSE)
박음질 선을 따라
뒤로 박음질할 때
사용합니다.

실 자동 끼우기 장치
바늘에 실을
끼워주는 장착기

밑가마
밑실이 감겨 있는 실토
리를 넣고 고정시키기
위해 사용합니다.

침판
바늘이 노루발 중심에 있
을 때 바늘에서부터의 간
격이 표시되어 있습니다.

작품을 만들 때 사용하는 재봉틀(소잉 머신)을 알아보겠습니다. 각각의 가정용 제품마다 조절하는 다이얼이 조금씩 다르고, 패턴이 다양한 재봉틀이 있는 반면 없는 경우도 있습니다. 재봉틀을 구매할 때 자신이 가장 많이 사용하는 기능을 살펴보고 구입하는 것이 좋습니다.

실패꽂이
윗실로 실패를 꽂을 때 사용합니다.

자동 밑실 조절 장치
실토리에 밑실을 감을 때 사용합니다.

바늘 위치 조절 다이얼
직선 바느질 시 바늘의 위치를 좌/우/중앙 세 가지로 조절할 수 있고, 지퍼, 파이핑 달기 등 끝선 재봉할 때 편리합니다.

폭 조절 다이얼
지그재그 바느질 시 패턴의 넓이를 조절할 수 있는 다이얼입니다.

폴리
바늘을 시작하는 위치를 고정하거나 박음질이 끝나 원단에서 바늘을 뺄 때 사용합니다. 폴리를 돌릴 때는 정면에서 안쪽으로 돌려줍니다.

땀수 조절 다이얼
패턴의 땀수를 조절할 때 사용합니다.

패턴 선택 다이얼
원하는 패턴을 선택할 때 사용합니다.

자수재봉 톱니 UP/DOWN
톱니를 내리면 원단을 자유롭게 움직일 수 있는 자유 자수를 할 수 있는 조절장치입니다.

윗실 끼우기

재봉틀 작업을 하려면 윗실과 밑실을 끼워야 합니다. 먼저 윗실을 순서대로 끼우는
법을 살펴보겠습니다.

01 실패꽂이에 뚜껑을 빼고 실을 끼
워줍니다(실 가닥이 위에서 아래
로 향하게 꽂아줍니다).

02 뚜껑을 끼워 실을 고정합니다.

03 재봉틀에 표시된 1번 화살표에
실을 끼웁니다.

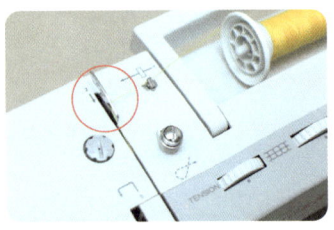

04 2번 화살표를 따라 실을 아래로
내립니다.

05 3번 화살표를 따라 실을 내려줍
니다.

06 4번의 표시 방향을 따라 올려줍
니다.

07 5번의 표시 방향으로 이동하여
왼쪽으로 실을 걸어줍니다.

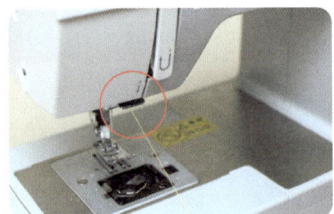

08 6번 아래 고리에 실을 걸어줍니다.

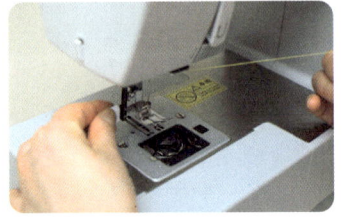

09 바늘 위쪽 고리에 실을 걸어줍니다.

10 자동 실꿰기를 내려줍니다.

11 자동 실꿰기를 이용하여 바늘에
실을 끼워줍니다.

12 윗실 끼우기를 완료하였습니다.

밑실감기

01 실패꽂이에 실을 끼웁니다.

02 뚜껑을 끼운 후 실을 고정시킵니다.

03 실을 잡고 재봉틀에 표시된 모양에 화살표를 따라 끼웁니다.

04 실을 재봉틀의 오른쪽 편에 있는 보빈에 실을 감아줍니다.

05 실이 풀리지 않을 정도로 돌려 감은 후 실 끝을 아래쪽으로 향하게 합니다.

06 밑실감기 장치를 오른쪽으로 밀어 이동시킵니다.

07 발판을 눌러 실을 감아줍니다.

밑실 끼우기

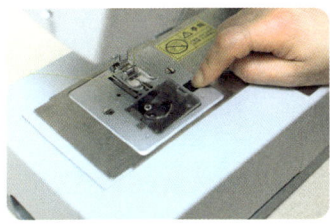

01 표시된 버튼을 오른쪽으로 당겨 뚜껑을 엽니다.

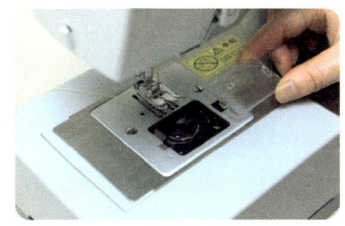

02 뚜껑을 잡고 분리합니다.

03 실을 잡고 실토리를 가마에 넣어줍니다(오른손으로 실토리를 잡고 실 방향은 시계 반대 방향으로 오게 하여 넣습니다).

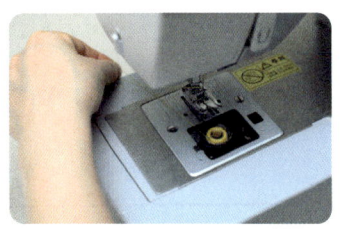

04 실을 가마 걸이에 걸어줍니다.

05 뚜껑을 닫습니다.

06 폴리를 이용하여 밑실을 빼줍니다. *이때 밑실에 실이 보빈에 있는 실 위로 가도록 합니다.

노루발 교체하기

가정용 재봉틀에 사용하는 노루발은 드라이버를 이용해 교체하는 수동방식과 노루발 홀더를 눌러 교체하는 원터치형 교체 방식이 있습니다.

원터치형 노루발은 드라이버로 나사를 따로 돌리지 않고 노루벌 홀더를 누르면 빠지고 쉽게 끼울 수 있습니다.

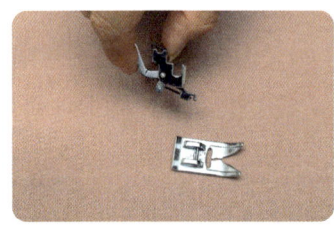

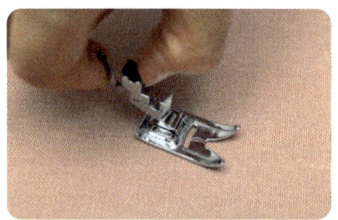

보통 드라이버가 부자재로 담겨있는데 고리형으로 생긴 노루발은 대부분 나사를 풀어 끼운 후 조여줍니다.

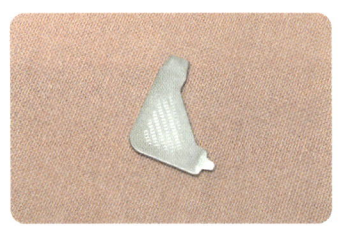

01 노루발대를 올려줍니다.

02 평노루발이 꼽혀있는 상태입니다.

03 드라이버로 노루발대 큰 나사를 풀어줍니다.

04 노루발을 뺀 상태입니다.

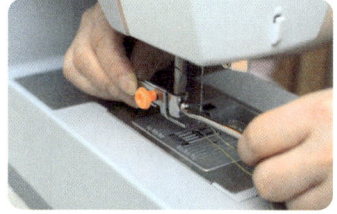

05 필요한 노루발대 나사에 걸어 잡 아당깁니다.

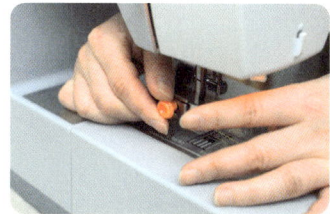

06 드라이버로 나사를 조여줍니다.

바이어스 싸는 방법 ▲ ▼ ▼ ▲

바이어스는 재봉틀에 있어서 가장 기본이 되는 방법입니다. 바이어스 싸는 방법을
정확히 알고 있으면 뭐든지 쉽게 만들 수가 있기 때문에 꼭 숙지하고 넘어가세요.

바이어스 재단하기

01 직각자를 가로, 세로 같은 치수
로 놓습니다.

02 초크로 하단에 표시합니다.

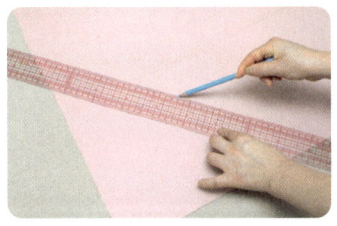

03 직각자를 표시한 선에 맞추어서
사선으로 그려줍니다.

04 그레이딩 자를 이용하여 3.5cm
씩 사선으로 그려줍니다.

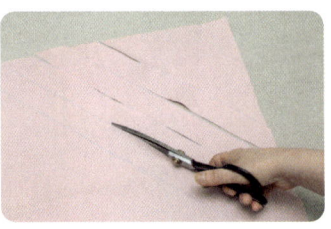

05 3.5cm씩 초크로 그려준 모습입
니다.

06 재단가위로 잘라줍니다.

바이어스 연결하기

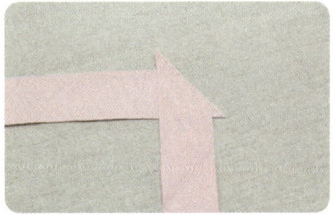

01 재단한 바이어스를 직각으로 놓고 위, 아래 모서리 0.7cm 나오게 사선으로 맞춥니다.

02 위, 아래 꼭짓점 부분을 그레이딩 자를 이용해 사선으로 맞춥니다.

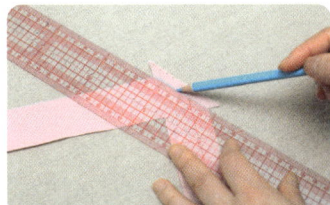

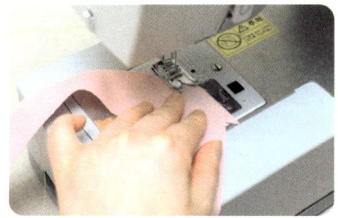

03 초크로 박음 선을 그려줍니다.

04 초크로 그려준 박음 선을 따라 박음질합니다.

05 튀어나온 시접을 아래 사선으로 잘라냅니다.

06 위도 사선으로 잘라줍니다.

바이어스 싸기

01 처음 시작은 2cm 접어줍니다.

02 노루발을 원단 끝에 맞추어 놓습니다.

03 박음질 하면서 모서리 부분 안쪽으로 0.7cm 표시하여 그 선까지 박음질합니다.

04 원단을 꺼내서 모서리에 맞추고 사선으로 위로 접습니다.

05 다시 아래로 접어 맞춥니다.

06 박음질 하다가 모서리에서는 같은 방법으로 접어줍니다.(위 4~6번 과정)

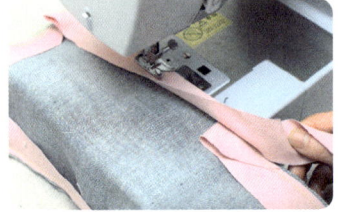

07 마무리에서는 처음 시작한 2cm 접은 끝선까지 맞춥니다.

08 박음질로 마무리한 다음

09 박음질한 부분 바이어스를 직선으로 잘라줍니다.

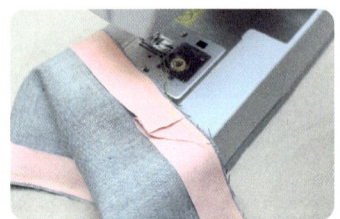

10 직선으로 잘라준 모습입니다.

11 바이어스의 위원단을 겉감 쪽으로 돌려서 0.5cm를 접어줍니다.

12 바이어스 왼쪽에서 0.2cm 안쪽으로 맞추고 박음질합니다.

13 모서리는 5cm를 남기고 바늘을 꽂아놓은 후 아래쪽 바이어스를 안으로 접어줍니다.

14 위이 바이어스를 내려 사선으로
접어줍니다.

15 다시 바이어스 왼쪽을 0.2cm로
박음질합니다.

TIP

또 다른 마무리 방법

두꺼운 원단을 싸줄 때나 마무리선이 보이지 않는 깔끔한 방법입니다.

01 처음 시작할 때 2cm 안쪽에서
바이어스를 박음질하고 모서리
에서는 위와 같은 방법으로 박음
질합니다.

02 마무리하기 전 10cm 까지만 박음
질하고 원단을 꺼낸 다음 사선으
로 위, 아래 맞추어 접습니다.

03 접을 것을 그대로 위로 양손가락
으로 잡아줍니다.

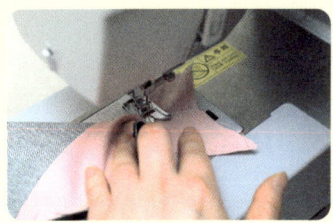
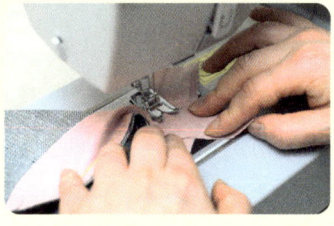

04 접은 선을 따라 박음질합니다.

05 사선으로 시접 0.7cm로 위, 아래
를 잘라줍니다.

06 잘라서 가름솔을 해준 모습입
니다.

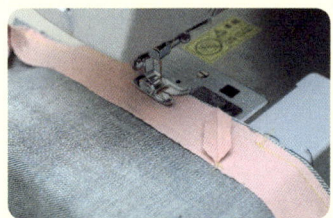

07 박음질 하다가 모서리에서는 같
은 방법으로 접어줍니다(위 4~6
번 과정).

ㄱ자 바이어스 싸기

현관매트나 소파패드, 카펫이나 침대패드 등 큰 작품을 만들 때 싸는 방법으로 바이
어스 폭은 10~20cm까지 원하는 대로 크기를 조정하여 만들 수 있습니다.

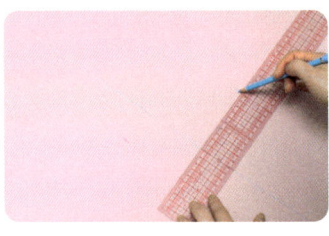

01 같은 치수만큼 직각자를 대각선
으로 놓고 초크로 그려줍니다(한
마 반 정도로 하면 이음선이 많
지 않아요).

02 표시한 초크 선에서 양쪽으로 그레
이딩자로 10cm씩 표시합니다.

03 표시한 선을 대로 사선으로 그려
줍니다.

04 표시한 선을 잘라줍니다.

05 연결할 때는 시접 0.7cm 올라오
게 사선을 맞춥니다.

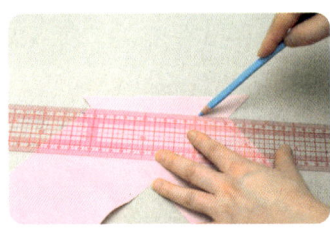
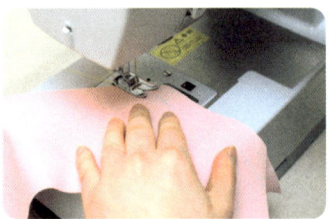
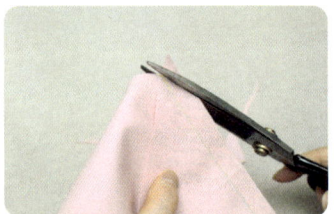

06 꼭지점에 자를 대고 그려줍니다.

07 그려준 선을 박음질합니다.

08 위, 아래 사선으로 잘라줍니다.

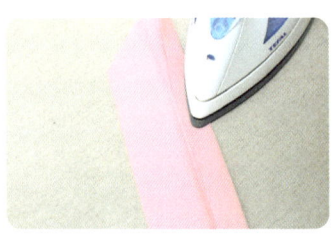
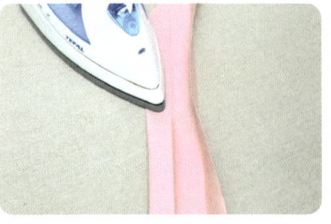

09 시접은 가름솔로 다려주고 바이
어스 반을 접어 다려줍니다.

10 반 다린 것을 펴서 오른쪽을 2.5
cm 접어 다립니다.

11 다시 왼쪽을 2.5cm 다려줍니다

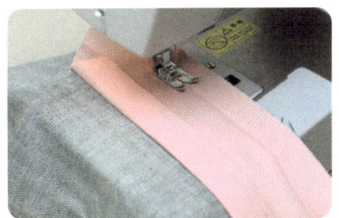

12 시작할 때 5cm 안쪽에서부터 박음질합니다.

13 모서리 10cm까지만 박고 원단을 꺼낸 다음 모서리 위, 아래 2.5cm씩 그려주고 접은 다음 사진처럼 W로 그려줍니다. 그런 후에 초크선을 따라 박음질을 합니다.

14 원단을 꺼내서 박음선 바깥쪽 0.5cm 남기고 잘라줍니다.

15 잘라준 모습입니다.

16 뾰족한 부분의 오른쪽을 박음선 전까지만 가윗밥을 줍니다.

17 왼쪽 부분도 박음선 전까지 가윗밥을 줍니다.

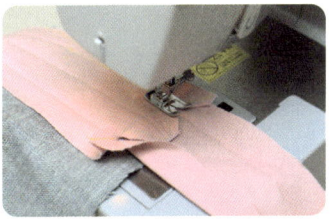

18 10cm 남겨둔 부분부터 다려준 선을 따라 박음질 하고, 모서리에서는 꼭짓점에 바늘을 꽂습니다.

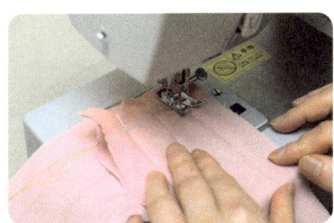

19 노루발을 들어 방향을 전환하고, 다시 노루발을 내린 다음 박음질을 합니다.

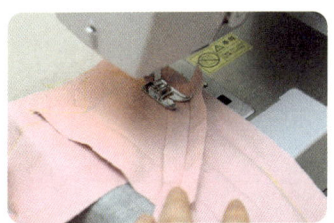

20 바이어스 안쪽 연결을 마무리 합니다(바이어스 마무리 또 다른 방법에서 1~6번과 같은 방법).

21 겉쪽으로 바이어스를 다려준 선으로 접어 시침핀으로 고정합니다.

22 왼쪽에서 0.5cm로 전체를 박음질 해줍니다.

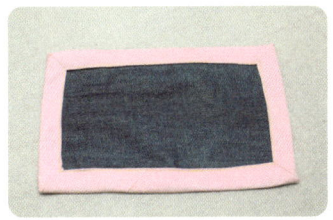

23 ㄱ자 바이어스로 전체를 싸준 모습입니다.

PART 02

심플 스타일로
꾸미는
거실과 침실

최신 트랜드의 다양한 심플 원단을 활용하여 거실과 침실, 그리고
아이 방에 어울릴 만한 실용적인 소품들을 만들어보세요. 마이 홈
인테리어와 매칭되는 원단의 느낌을 잘 조합하면 우리 집 분위기를
정감 나게 바꿔줍니다.

01

시원한 거실 분위기를 자아내는

사각티슈커버

01 사각티슈커버

예상 재료비 | 약 10,000원
난이도 | ● ● ○ ○ ○   완성 크기 | 26 cm × 13 cm

▶▶ 재료

1 무늬 원단(본판, 옆판)
2 패딩지
3 바이어스 감

▶▶ 재단하기

❶ 본판 26 cm × 37 cm 1장
❷ 본판 패딩지 31 cm × 42 cm 1장
❸ 옆판 13 cm × 13 cm 2장(위쪽 모서리 둥글게 처리)
❹ 옆판 패딩지 18 cm × 31 cm 1장
❺ 옆단 39 cm × 3.5 cm 2장
❻ 밑단 130 cm × 3.5 cm 1장

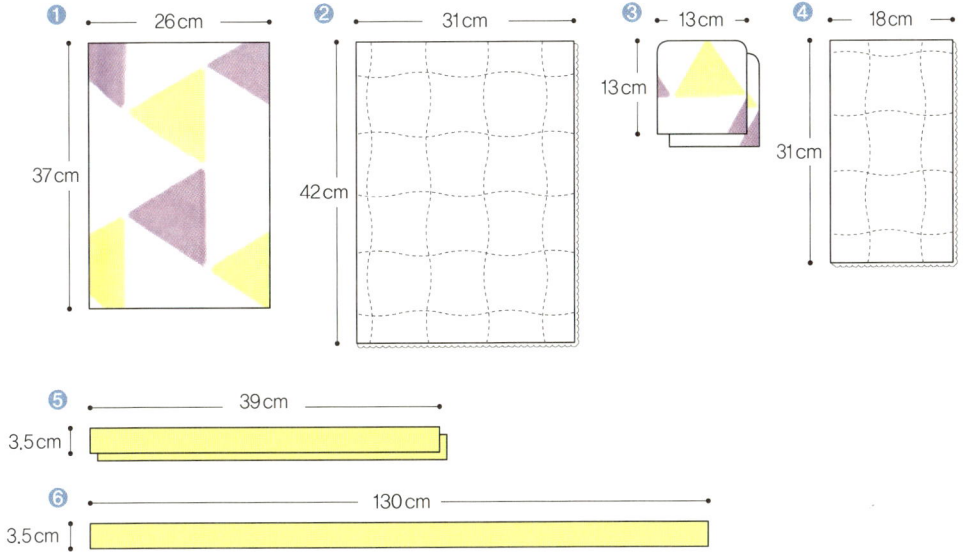

❶ 26 cm / 37 cm
❷ 31 cm / 42 cm
❸ 13 cm / 13 cm
❹ 18 cm / 31 cm
❺ 39 cm / 3.5 cm
❻ 130 cm / 3.5 cm

본판과 옆판 만들기 ▲▲▲ --------

01 ①번 본판 원단을 ②번 본판 패딩지 위에 올려줍니다. 본판의 겉을 패딩지 겉과 마주보게 놓고

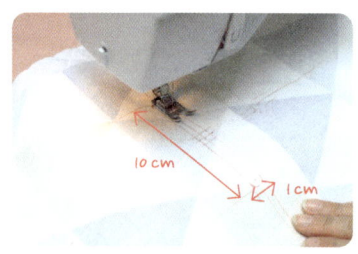

02 본판 중앙에 휴지 구멍을 내기 위해 10cm×1cm(양옆은 타원으로 그림)를 그립니다. 2땀으로 촘촘히 박음질합니다.

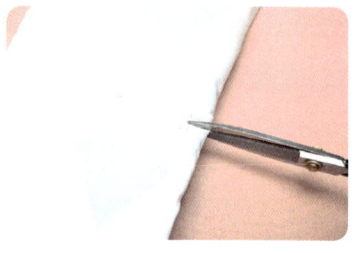

03 박음질한 본판의 휴지 구멍 부분 중앙을 가로로 자릅니다.

04 자른 휴지 구멍 쪽으로 본판 원단을 꺼내 뒤집어줍니다.

05 뒤집어 잘 펴준 후 패딩지 끝 전체를 박음질로 고정합니다.

06 패딩지의 남는 솜은 원단 크기에 맞게 잘라냅니다.

07 ③번 옆판 2장을 ④번 옆판 패딩지에 올려놓습니다.

08 2장 전체를 각각 원단 모양대로 박음질합니다.

09 박음질한 옆판의 남는 솜도 각각 원단에 맞추어 잘라냅니다.

10 본판 측면에 ③번 옆판 1장을 크기에 맞추어 시침핀으로 고정합니다.

11 시침핀으로 고정한 옆판을 박음질합니다.

12 다른 옆판 1장도 시침핀으로 고정하여 박음질합니다.

양쪽 바이어스 싸기 ▲▲▲

◀ 바이어스 싸기
동영상

13 ⑤번 옆단 바이어스(3.5cm×39cm) 1장을 준비한 후 본판의 옆판 쪽 U자 모양에 바이어스를 겉부터 박음질합니다(바이어스 싸는 방법 35쪽 참고).

14 옆판 방향으로 두 번 접어줍니다.

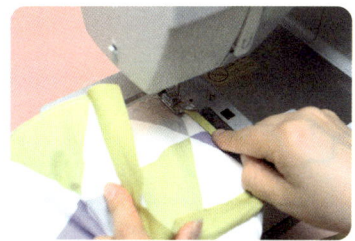

15 U자 모양으로 박음질하여 옆판 바이어스를 감싸줍니다.

16 반대쪽도 같은 방법으로 바이어스를 싸줍니다.

밑단 바이어스 싸기 ▲▲▲

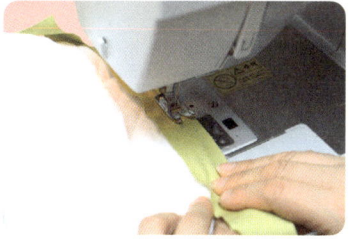

17 본판 아래쪽 바이어스를 싸기 위해 먼저 안쪽으로 뒤집어줍니다. 옆쪽 중앙에 바이어스를 대고 5cm 정도 앞을 남기고 시침핀을 꽂아줍니다.

18 5cm 남긴 부분부터 0.7cm로 밑단 전체를 둘러 박음질합니다.

19 바이어스가 서로 만나는 부분에서 양쪽을 사선으로 접어줍니다.

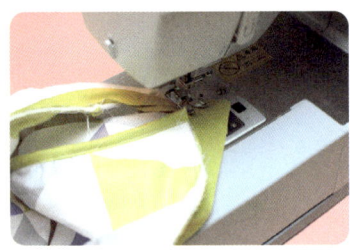

20 사선으로 접은 삼각형 부분의 접힌 곳을 박음질합니다.

21 시접을 남기고 삼각형 부분을 잘라 냅니다.

22 시접을 남긴 양쪽을 가름솔로 펴줍니다.

23 정리한 후 남아 있는 부분을 박음질합니다.

24 박음질한 후 바깥쪽으로 뒤집어서 바이어스를 두 번 접습니다.

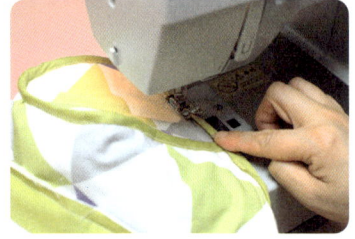

25 두 번 접은 바이어스 전체를 감싸 박음질을 하여 마무리합니다.

26 시원한 거실 분위기를 자아내는 사각티슈가 완성되었습니다.

다른 원단!
또 다른 느낌!

어플리케이션
Application

단추사각티슈커버

사각 모양이 지루하다면 약간의 곡선과 단추를 달아 만들어 보세요.

재료를 준비한 후 옆판 위에 바이어스를 감싸 박음질합니다. 그리고 몸판 중앙 양쪽을 먼저 박음질하고, 전체 바이어스를 감싸 박음질한 후 단추를 달아 입구 모양을 완성하세요.

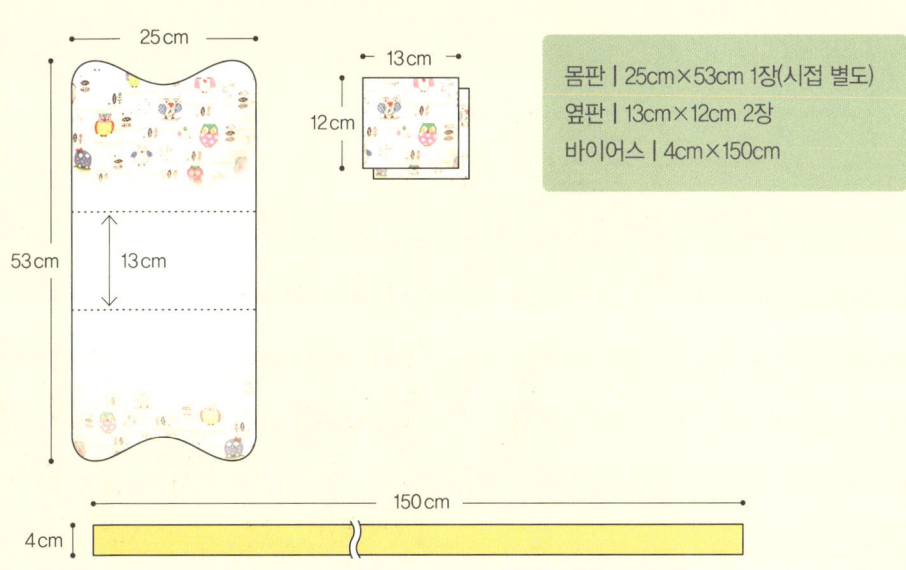

몸판 | 25cm×53cm 1장(시접 별도)
옆판 | 13cm×12cm 2장
바이어스 | 4cm×150cm

화이트책장과 잘 어울리는

원티슈커버

02 원티슈커버

예상 재료비 | 약 10,000원
난이도 | ● ● ● ○ ○   완성 크기 | 45 cm × 11 cm
▶ 동영상 | 2-02. 원티슈커버

▶▶ 재료

1 옥스퍼드 원단
2 아지미노 원단
3 광목누비 원단
4 40cm 퀼트지퍼
5 라벨

▶▶ 재단하기

❶ 겉감 위판(아지미노 원단) 47cm×5 cm 1장
❷ 겉감 위판 띠(아지미노 원단) 47cm×1.5 cm(올이 풀린 이미지 선 쪽에서 재단)
❸ 겉감 하단(옥스퍼드 원단) 47cm×10 cm 1장
❹ 안감(광목누비 원단) 47cm×13 cm 1장
❺ 겉감 바닥(옥스퍼드 원단) 지름 16cm 시접 별도 1장(원형), 실물본
❻ 안감 바닥(광목누비 원단) 지름 16cm 시접 별도 2장(원형), 실물본
❼ 겉감 위판(아지미노 원단) 지름 16cm 시접 별도 2장(원형), 실물본
❽ 겉감 지퍼 뒷부분(아지미노 원단) 7cm×7 cm 1장

★ 실물본 2-02. 화이트 책상과 잘 어울리는 원티슈커버

❶ ─ 47cm ─
5cm

❷ ─ 47cm ─
1.5cm

❸ ─ 47cm ─
10 cm

❹ ─ 47cm ─
13cm

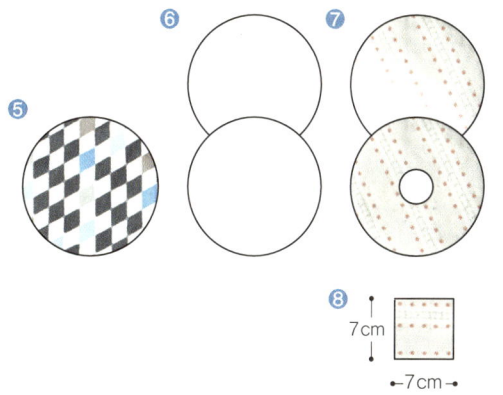

❺ ❻ ❼

❽
7cm
←7cm→

위판 띠 만들기 ▲▲▲ ---------------------

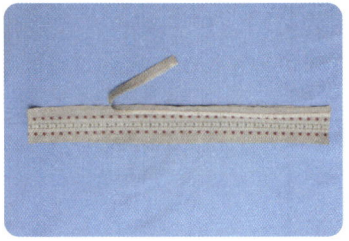

01 ①번 겉감 위판과 ②번 겉감 위판 띠 원단을 겉과 겉끼리 마주보게 놓고 준비합니다.

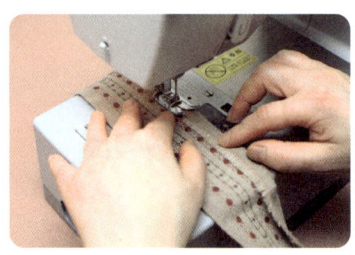

02 띠를 놓은 곳에 시접 0.7cm를 남기고 직선으로 박음질합니다. 띠를 완성합니다.

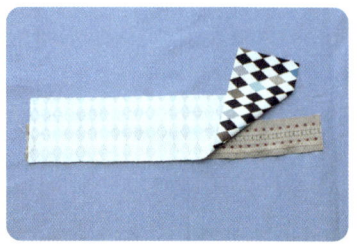

03 앞에서 박음질한 띠를 ③번 겉감의 하단에 겉과 겉끼리 마주보게 놓습니다.

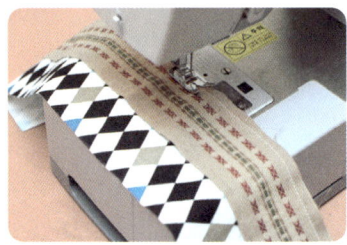

04 위판 쪽으로 뒤집어 겉과 겉끼리 0.7cm로 박음질합니다.

05 박음질한 겉감의 위판을 위로 놓고 다림질합니다. 몸판 겉감이 완성됩니다.

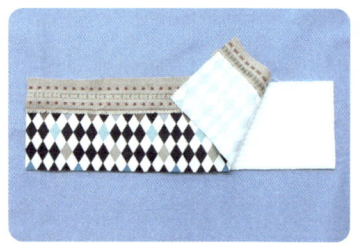

06 ④번 안감 광목누비의 안쪽에 완성한 몸판 겉감을 올려줍니다.

07 시침핀을 꽂아 고정한 후 전체를 0.3cm로 박음질하여 몸판을 완성합니다.

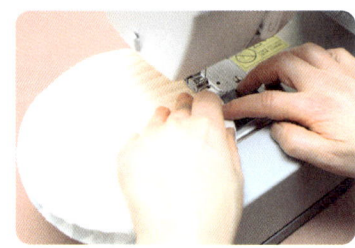

08 몸판과 동일하게 ⑤번 겉감 바닥을 ⑥번 안감 광목누비를 안쪽에 대고 0.3cm로 박음질합니다.

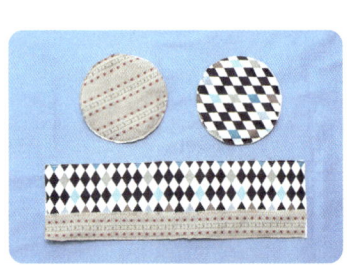

09 ⑦번 겉감 위판도 ⑥번 안감 광목누비를 대고 0.3cm로 박음질합니다. 위판과 바닥, 몸판을 완성하였습니다.

10 만들어진 뚜껑 2장(위판, 바닥)과 ⑦번 남아있는 위판 1장, 몸판을 모두 오버록 처리합니다.

지퍼 만들기

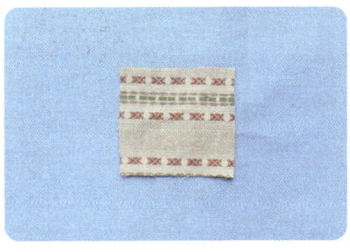

11 ⑧번 겉감 지퍼 뒷부분 원단을 준비합니다.

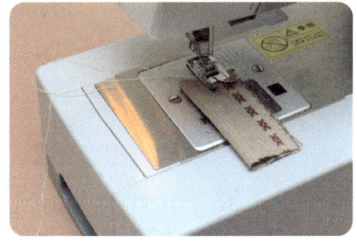

12 ⑧번 겉감 지퍼 뒷부분 원단을 절반으로 접은 후 0.7cm 간격으로 직선 박음질합니다.

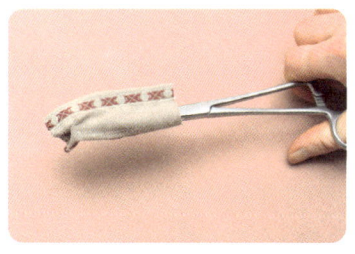

13 뒤집개를 이용하여 뒤집어줍니다.

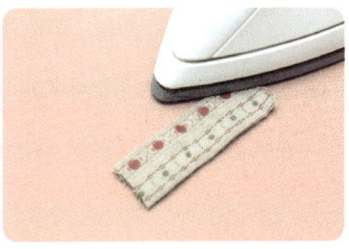

14 다림질로 펴주어 지퍼 뒷부분을 완성합니다.

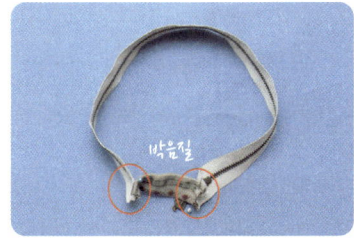

15 지퍼 겉에 앞에서 완성한 지퍼 뒷부분을 시침핀으로 연결하여 고정합니다.

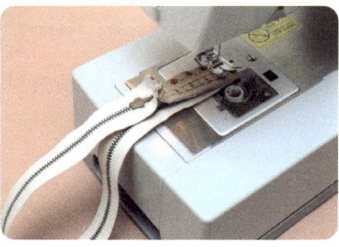

16 시침핀으로 고정한 오른쪽과 왼쪽 부분을 0.7cm로 박음질합니다.

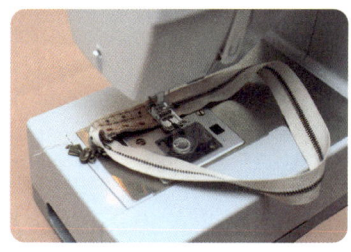

17 0.7cm로 박음질한 양쪽을 뒤집어서 모두 0.3cm로 다시 한 번 더 눌러 박음질합니다.

다른 원단!
또 다른 느낌!

몸판 만들기 ▲▲▲ -

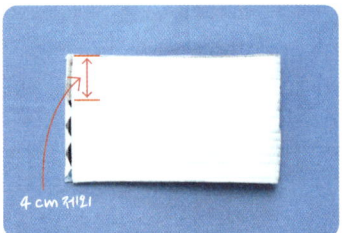

18 완성된 몸판을 안쪽으로 반 접어줍니다.

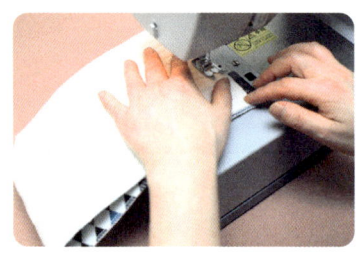

19 반으로 접은 끝부분을 위에서 4cm 띠 부분은 제외하고 0.7cm로 박음질합니다.

20 남겨 놓은 4cm 중앙에 라벨을 0.3cm 간격으로 박음질합니다.

21 다시 몸판을 안쪽으로 뒤집은 후 몸판에 겉감 바닥을 시침핀으로 꼽아 고정합니다.

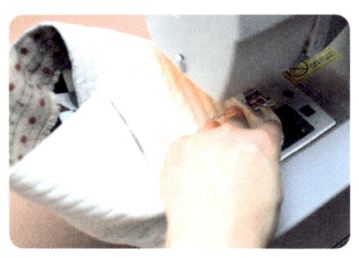

22 바늘을 몸판 쪽으로 위치시킨 후 0.7cm로 박음질하여 연결합니다.

23 바닥과 연결한 몸판을 준비합니다.

지퍼와 몸판 연결하기 ▲▲▲ -

24 시침핀으로 몸판과 앞에서 만든 지퍼를 몸판 겉으로 고정합니다.

25 재봉틀의 프레임을 분리합니다. 이렇게 분리하면 동그란 모양의 작품을 만들 때 넣어서 사용할 수 있습니다.

26 지퍼 노루발로 교체한 후 지퍼 바깥쪽으로 시접(0.7cm)을 두고 박음질하여 몸판과 지퍼를 연결합니다.

27 지퍼가 달린 부분을 연결할 때는 송곳으로 누르면서 박음질합니다.

TIP 대부분의 재봉틀은 프레임 분리 기능을 제공해요.

대부분의 재봉틀에는 제품마다 조금씩 다르지만 프레임을 분리할 수 있게 되어 있습니다.

위판에 구멍 내기 ▲▲▲

28 오버로크 해놓은 남은 ⑦번 겉감 위판 1장을 도안에 대고 중앙에 원을 그려줍니다.

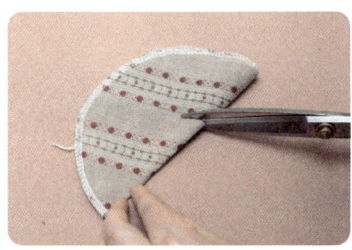

29 반으로 접어 재단가위를 이용하여 중간 원 부분을 오려줍니다.

30 오버로크 해놓은 위판에 올려줍니다.

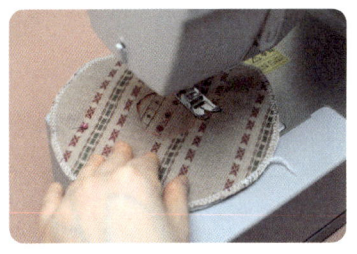

31 평노루발로 교체하여 오버로크 한 위판과 구멍을 낸 원단의 원 부분을 0.3cm로 박음질합니다. 이때 원의 바깥쪽은 박음질하지 않습니다.

32 누비 원단의 원 모양을 잘라낸 후 원 주위에 가윗밥을 충분히 줍니다.

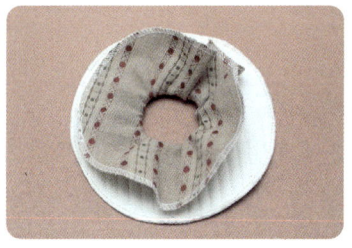

33 구멍 낸 원단을 위판의 누빔솜 쪽이 있는 바깥으로 집어넣어 뒤집어 주고 펴서 다려줍니다.

34 원 둘레를 시침핀으로 고정한 후 뒤집은 부분의 바깥쪽 전체를 다시 0.3cm로 박음질합니다.

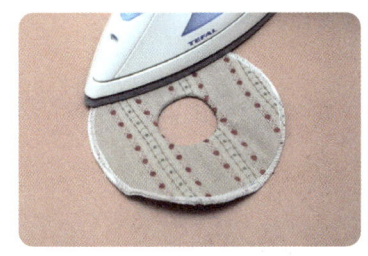

35 전체를 펴서 다려줍니다.

위판 달고 완성하기 ▲▲▲ ---------------------------

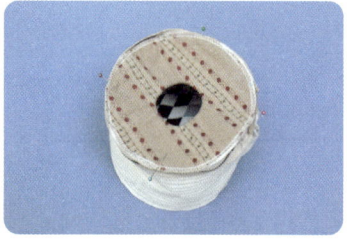

36 몸판을 안쪽으로 뒤집은 후 앞에서 완성한 위판을 올려 시침질합니다.

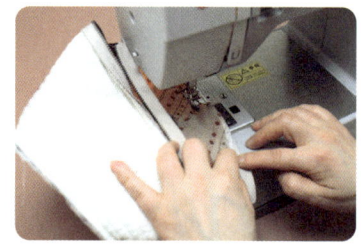

37 위 뚜껑의 겉과 몸판을 박음질합니다. 지퍼 노루발로 교체하면 편리합니다.

38 박음질할 때 지퍼를 열어 위쪽과 뚜껑의 바깥쪽을 동그랗게 박음질합니다.

39 뒤집어주면 원티슈커버가 완성됩니다.

★ 실물본 2-02. 원티슈커버의 바닥과 동일

파우치형 원티슈커버

지퍼가 어렵다면 묶는 원티슈커버로 만들어 보세요.

몸판은 패치 연결하고, 상단에는 통로를 만들어 끈을 넣고 방울레이스를 달아주면 새로운 디자인의 원티슈커버가 태어납니다. 지퍼를 달기 싫어하는 분들에게 파우치 형식의 끈으로 만드는 원티슈커버도 인기 있는 아이템입니다.

윗판	12cm×47cm 1장
수술	1cm×47cm 1장
수술 바이어스	3cm×47cm 1장
누비	13cm×47cm 1장
바닥 누비	1장 실물본(2-02. 원티슈커버의 바닥과 동일
통로	4.5cm×25cm 2장
방울 레이스	3cm×5cm 2장

03

03 바스켓 정리함

예상 재료비 | 약 20,000원

난이도 | ● ● ○ ○ ○   **완성 크기** | 25 cm × 30 cm

(지름 × 높이)

▶▶ 재료

1 5온스 접착솜
2 무늬 원단 겉지
3 무늬 원단 속지
4 가방 바닥 재료

▶▶ 재단하기

❶ 기둥 겉감 78cm×34cm 시접 포함 1장
❷ 겉감(원형) 지름 23cm 시접 별도 1장
❸ 기둥 안감 78cm×35cm 시접 포함 1장
❹ 안감(원형) 지름 23cm 1장
❺ 가방 바닥 재료 지름 23cm 시접 포함 1개
❻ 겉감(가방 바닥 재료) 25cm×25cm 시접 포함 1장
❼ 뒷감(가방 바닥 재료) 25cm×25cm 시접 포함 1장

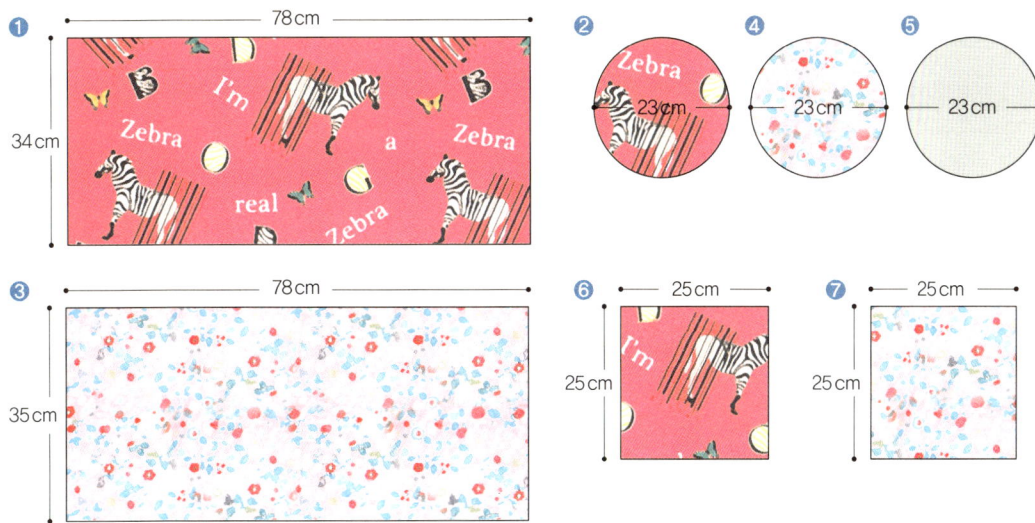

몸판 만들기 ▲▲▲ --------------------------------

01 ①번 기둥 겉감에 접착솜(모든 접착솜은 원단보다 2~3cm 여유를 주고 재단)을 대고 준비합니다.

02 ②번 원형 겉감 1장을 접착솜을 대고 준비합니다(컴퍼스를 이용해 지름 23cm의 원형을 원단에 그립니다).

03 기둥 겉감과 원형 겉감을 모두 다림질하여 붙여줍니다. 접착솜은 자체 접착력이 있어 다리미로 몇 번 눌러 다려주면 쉽게 붙습니다.

04 접착솜을 붙인 ①번 기둥 겉감과 ②번 원형 겉감의 남는 솜은 가위로 잘라냅니다. 이 부분이 아래 받침이 됩니다.

05 ①번 기둥 겉감의 짧은 쪽(34cm 길이가 되는 부분)에서 좌우 한 곳을 골라 ②번 원형 겉감을 오른쪽 방향으로 겉과 겉끼리 대어 고정합니다.

06 받침을 박음질할 때 1cm를 먼저 남겨놓고 동그랗게 긴 쪽을 돌려가며 0.7cm로 박음질합니다.

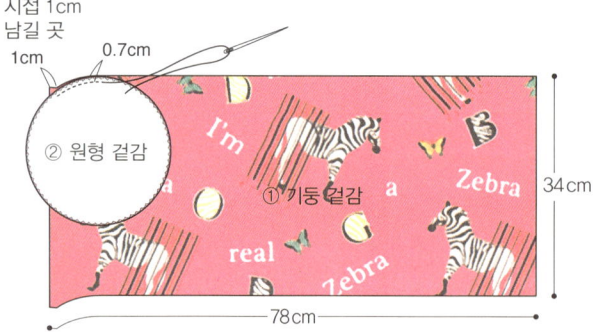

시접 1cm
남길 곳
1cm
0.7cm

② 원형 겉감

① 기둥 겉감

34cm

78cm

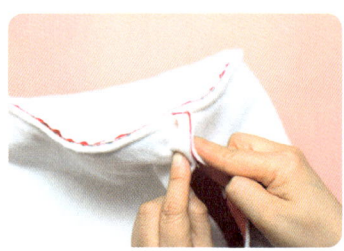

07 1cm가 남은 기둥 부분을 가름솔로 펴기 위해 양옆을 잡아줍니다.

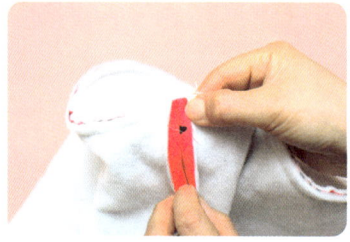

08 양 옆을 잡아준 상태에서 가름솔로 펴줍니다.

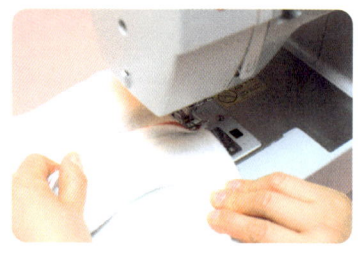

09 가름솔로 펴준 곳을 재봉틀로 박음질하여 마무리한 후 뒤집지 않고 그대로 둡니다.

안감 만들기 ▲▲▲ --------

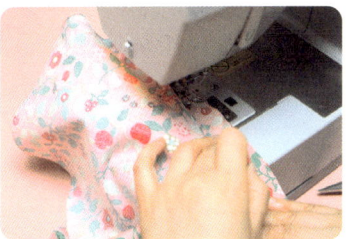

10 ③번 기둥 안감에 ④번 안감 바닥을 겉끼리 마주보게 하여 위에 올려놓고 박음질합니다.

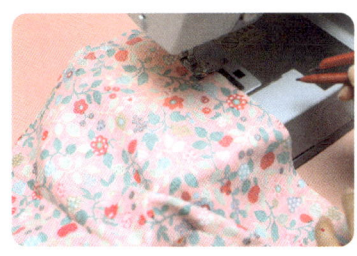

11 기둥에 창구멍(10㎝ 정도)을 표시합니다. 창구멍으로 남긴 부분은 몸판 겉감을 꺼내기 위해서 남겨둡니다.

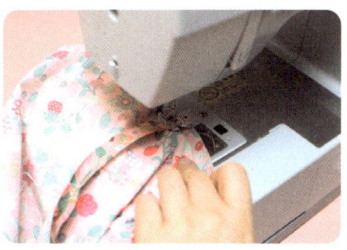

12 가름솔로 펴서 고정한 후 박음질하여 겉으로 뒤집어 놓습니다.

13 몸판 겉감을 뒤집어 안감의 겉과 몸판 겉감이 마주보도록 집어넣습니다.

14 안감 시접 부분과 몸판 겉감의 시접 부분을 맞대어 줍니다.

15 시접 부분은 가름솔로 펴서 고정합니다.

16 원형 박음질을 하기 위해 재봉틀 받침을 떼어냅니다.

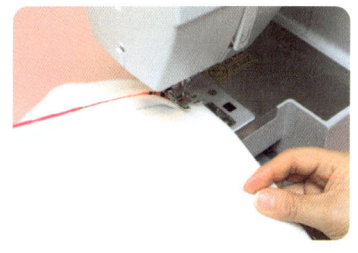

17 몸판 원통 입구를 시접 1㎝로 두고 박음질합니다.

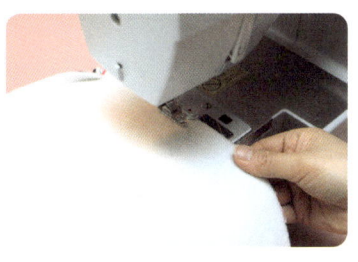

18 동그랗게 돌려가며 박음질합니다.

19 박음질한 몸판 겉감에서 안감을 빼냅니다.

20 11번에서 남겨둔 창구멍을 통하여 뒤집어줍니다.

21 창구멍을 통하여 밑각이 움직이지 않도록 안감의 밑바닥과 겉감의 밑바닥을 고정합니다.

22 고정한 부분을 박음질합니다. 창구멍은 공그르기로 막아줍니다.

몸판과 바닥 연결하기 ---------------------------

23 ⑥, ⑦번 바구니 바닥 원단을 겉감과 안감을 겉이 마주보게 놓은 후 23cm 지름의 원을 그려줍니다. 이때 미리 잘라놓은 ⑤번 가방 바닥 재료를 이용해서 대고 그리면 편합니다.

24 창구멍을 남기고 그린 선을 박음질합니다.

25 0.7cm로 시접을 두고 남은 원단을 잘라냅니다.

26 원 전체에 돌려가며 가위집을 줍니다.

27 창구멍으로 뒤집어줍니다.

28 잘라놓은 ⑤번 가방 바닥 재료를 창구멍을 통하여 집어 넣어줍니다.

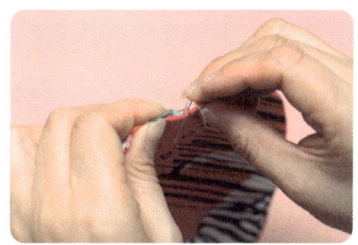  

29 창구멍은 공그르기로 막아줍니다.

30 바구니 입구는 안감이 겉감 쪽에 1cm 정도가 나오게 되므로 바이어스 처리한 것처럼 보입니다. 바깥쪽으로 나온 안감 선을 따라 돌려가며 상침해줍니다.

31 만들어진 바닥 재료는 바스켓 바닥에 넣어서 힘을 받을 수 있도록 해주면 바스켓 정리함이 완성됩니다.

다른 원단!
또 다른 느낌!

04

모던한 분위기를 연출하는
실내화

04 실내화

예상 재료비 | 약 12,000원   난이도 | ● ● ● ○ ○
완성 크기 | 발 사이즈 230~235mm
▶ 동영상 | 1-04. 실내화

▶▶ 재료

1 옥스퍼드(심플)
2 자연염색원단(무지)
3 미끄럼방지원단
4 누빔지 안감

동영상
QR코드

▶▶ 재단하기

① 바닥 12cm×25.8cm 4장(무지 2장, 미끄럼 방지 2장), 실물본 04-1
② 뚜껑 18.7cm×21.5cm 2장, 실물본 04-2
③ 뒤꿈치 8.5cm×11cm 2장, 실물본 04-3
④ 누빔지 50cm×50cm 2장
⑤ 안감 25cm×30cm 2장

★ 실물본 2-04. 모던한 분위기를 연출하는 실내화

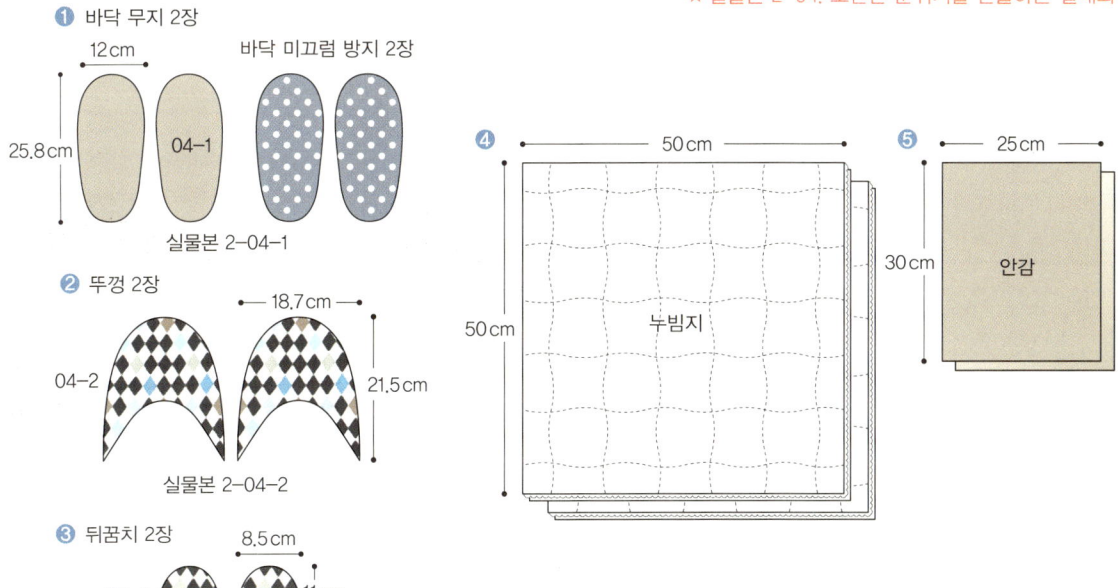

① 바닥 무지 2장
12cm
25.8cm
04-1
실물본 2-04-1

바닥 미끄럼 방지 2장

② 뚜껑 2장
18.7cm
04-2
21.5cm
실물본 2-04-2

③ 뒤꿈치 2장
8.5cm
04-3
11cm
실물본 2-04-3

④ 50cm
50cm
누빔지

⑤ 25cm
30cm
안감

전체 누빔지와 연결하기 ▲▲▲ ─────────

01 바닥과 뚜껑, 뒤꿈치, 미끄럼 방지를 재단한 후 ④번 누빔지 1장에 맞추어 올린 후 각각 크기에 맞게 잘라냅니다.

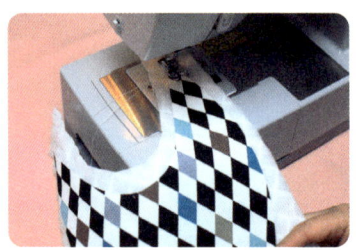

02 누빔지와 함께 잘라낸 슬리퍼 뚜껑을 끝박음질합니다.

03 뒤꿈치 원단도 누빔지와 함께 끝박음질합니다.

04 발바닥(미끄럼 방지)은 누빔지를 대고 전체를 끝박음질합니다.

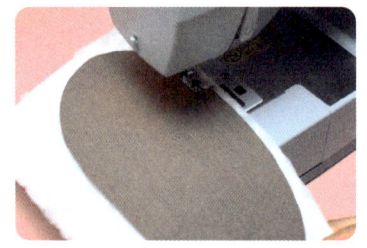

05 발바닥(무지 원단)도 누빔지를 대고 전체를 끝박음질합니다.

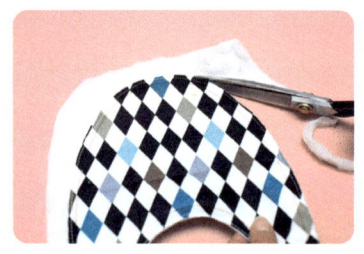

06 뚜껑과 뒤꿈치, 발바닥(미끄럼 방지, 무지 원단)은 각각 박음질된 선에 맞게 가위로 남는 부분의 누빔지를 잘라냅니다. 다른 한쪽 발도 동일하게 1~6번까지 한 번 더 반복해서 2세트를 만듭니다.

TIP **끝박음질이란?**
끝박음질은 원단 가장자리에서 가장 가까운 곳을 박음질할 때 사용하는 말입니다.

뚜껑과 뒤꿈치 만들기 ▲▲▲ ─────────

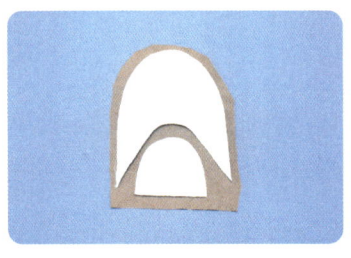

07 뚜껑과 뒤꿈치를 ⑤번 안감에 올려 겉과 겉끼리 놓습니다. 뚜껑과 뒤꿈치는 박음질한 후 잘라내어 사용해야 하므로 뚜껑과 뒤꿈치 크기보다 크게 재단해서 사용합니다.

08 먼저 뚜껑 아랫부분만 0.7cm 시접으로 박음질합니다. 위쪽 원형 부분은 박음질하지 않습니다.

09 뒤꿈치를 올려서 일직선 쪽만 0.7cm로 박음질합니다. 뚜껑과 마찬가지로 둥근 부분은 박음질하지 않습니다.

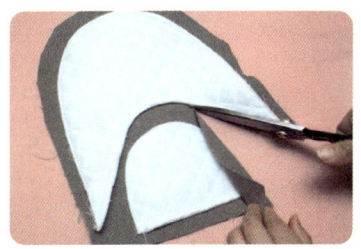

10 뚜껑 부분과 뒤꿈치 부분을 가위로 잘라 분리합니다.

11 박음질한 부분을 적선 부분에 맞추어 가위로 깨끗이 잘라 줍니다.

12 뒤꿈치를 사진처럼 뒤집어서 잘 펴지도록 다리미로 다려줍니다.

13 먼저 뒤꿈치를 안감과 함께 끝박음질합니다.

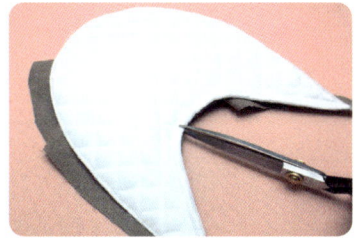

14 뚜껑을 박음질한 부분에 동그랗게 휘어진 아래 부분에 가위집을 내고 뒤집어줍니다.

15 뚜껑에 동그랗게 휘어진 윗부분 전체를 박음질합니다.

16 겉감에 맞추어 안감을 잘라냅니다.

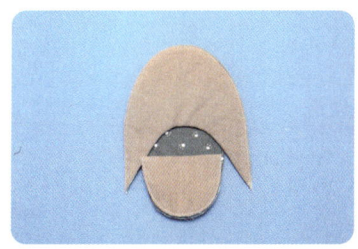

17 발바닥(미끄럼 방지)에 뚜껑, 뒤꿈치의 겉을 마주보게 자리를 잡아줍니다.

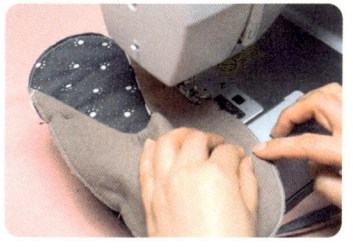

18 먼저 뚜껑부터 시침핀으로 고정하여 끝박음질합니다.

19 박음질한 뚜껑에 발꿈치를 겉과 겉이 보이게 놓습니다.

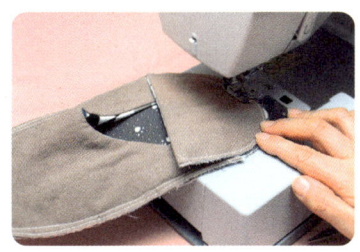

20 뒤꿈치를 박음질하여 몸판을 완성합니다.

마무리하여 완성하기 ▲▲▲

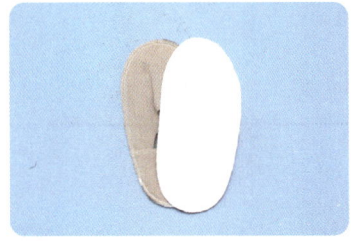

21 만들어진 몸판에 나머지 발바닥을 겉과 겉끼리 놓습니다.

22 창구멍(약 7cm 정도)을 남기고 0.7cm로 돌려가며 박음질합니다.

23 창구멍을 낸 곳에 누빔을 댄 발바닥을 들추어 아랫부분에 0.7cm를 표시합니다.

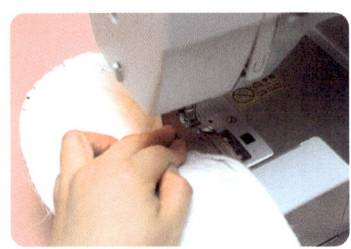

24 0.7cm로 표시한 부분을 박음질합니다(뒤집었을 때 옆구리가 툭 튀어나오는 것을 방지하기 위함).

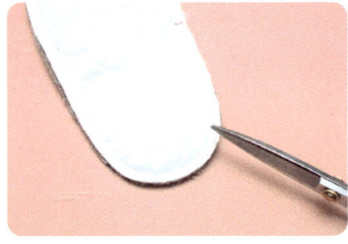

25 뒤집었을 때 잘 펴지도록 동그란 부분에는 1cm 간격으로 가위집을 줍니다.

26 창구멍을 통해 뒤집어서 잘 나왔는지 확인합니다.

27 다시 뒤집어서 창구멍을 공그르기로 마무리합니다.

28 나머지 한쪽도 똑같은 방법으로 만들어 슬리퍼를 완성합니다.

여름용 실내화를 만들고 싶다면

앞꿈치가 통풍이 되도록 잘라내어 시원한 여름용 실내화를 만들어보세요. 재단할 때 뚜껑의 윗부분만 곡선으로 잘라내어 박음질 해주면 또 다른 실내화를 만들 수 있습니다.

여름용 실내화는 뚜껑 부분만 오려내고 나머지 만드는 방법은 모두 동일합니다.

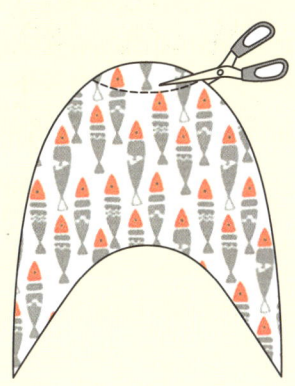

심심한 벽의 공간을 꾸며주는

수납벽걸이

05 수납벽걸이

예상 재료비 | 약 15,000원

난이도 | ● ● ● ○ ○ **완성 크기** | 33 cm × 47 cm

▶▶ 재료

1 2온스 접착솜
2 녹색 원단
3 노랑 원단
4 무늬 원단
5 면 레이스 100cm 정도
6 나무단추

▶▶ 재단하기

① 주머니(노랑 원단) 30cm×25cm 시접 포함 3장
② 본판(녹색 원단) 30.8cm×45cm 시접 별도 2장, 실물본 2-05-1
③ 주머니 속무늬(무늬 원단) 27cm×23cm 1장 시접 별도
④ 고리 감 15cm×5cm 시접 별도, 실물본 2-05-2

★ 실물본 2-05. 심심한 벽의 공간을 꾸며주는 수납벽걸이

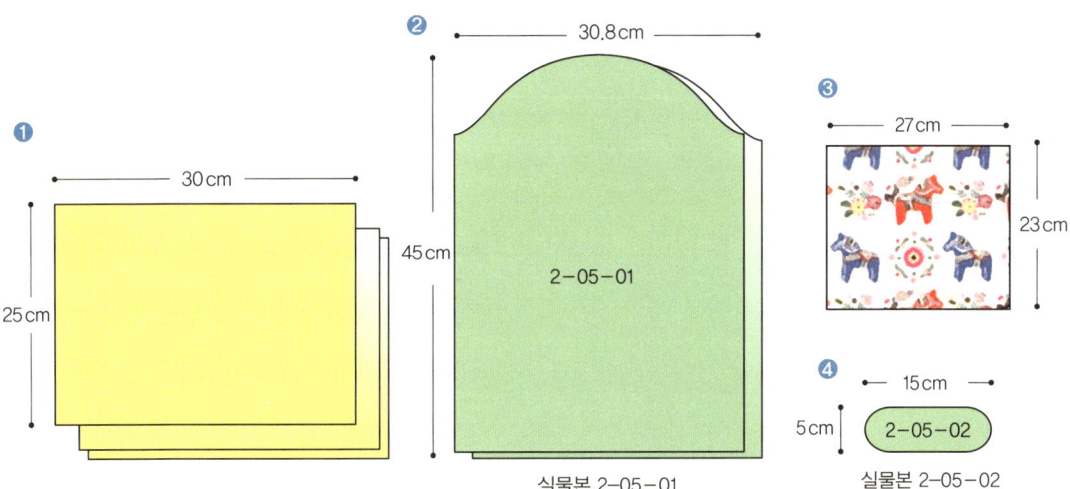

① 30cm × 25cm

② 30.8cm × 45cm 2-05-01 실물본 2-05-01

③ 27cm × 23cm

④ 15cm × 5cm 2-05-02 실물본 2-05-02

앞주머니 만들기 ▲▲▲ — — — — — — — —

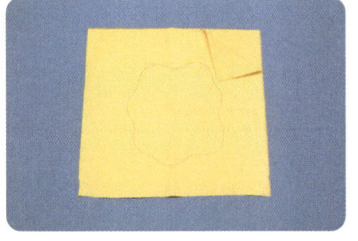

01 ①번 노랑 원단 2장을 겹치게 놓은 후에 실물본을 대고 수성펜으로 그려줍니다.

02 그린 선을 따라 선 전체를 박음질합니다.

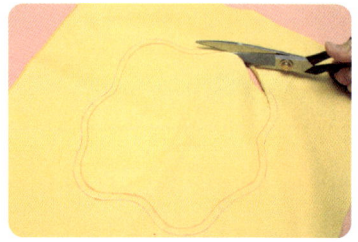

03 박음질된 선 안쪽으로 원단을 오려냅니다. 박음질된 바깥쪽 선이 잘리지 않도록 주의합니다.

04 오려낸 구멍을 통해 안쪽 원단을 집어넣어 뒤집어줍니다.

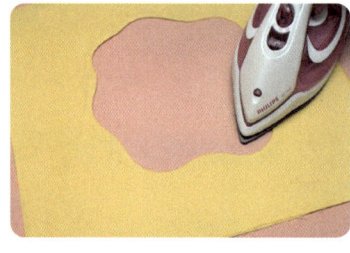

05 다림질하여 반듯하게 펴줍니다.

06 구멍이 난 원단에 ③번 무늬 원단 23cm×27cm를 아래쪽에 대어줍니다.

07 구멍이 난 노랑 원단의 가장자리 전체를 박음질합니다.

08 무늬 원단을 박음질한 후 구멍에 맞추어 잘라냅니다. 노랑 원단은 자르지 않습니다.

09 노랑 원단을 27cm×23cm로 시접 (0.7cm)을 주고 재단합니다.

10 남은 ①번 노랑 원단 30cm×25cm 한 장을 겉과 겉이 마주보게 놓습니다. 창구멍(약 7cm)을 그려줍니다.

11 창구멍을 표시한 곳에서 박음질을 시작하여 창구멍 표시 끝부분까지 박음질합니다.

12 각을 살리기 위해 네 모서리를 가위로 잘라내고 뒤집어줍니다.

13 면 레이스를 네 면에 대어줍니다. 꺾이는 부분은 자르지 말고 액자 모양으로 접어서 박음질합니다.

14 네 면에 면 레이스를 돌려가며 사각형으로 전체를 박음질합니다.

15 면 레이스를 달아 주머니를 완성하였습니다.

몸판과 고리 만들기 ▲▲▲ ─────────────────

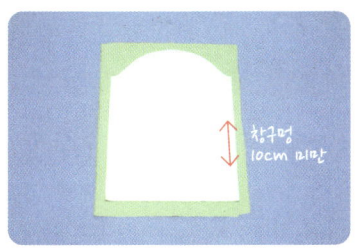

16 실물본을 이용하여 본판을 재단한 후 솜을 대고 다림질합니다.

17 뒤판의 겉과 솜을 댄 원단의 겉이 마주보게 하여 놓습니다. 긴 축에 창구멍(긴 축에 10cm 미만)을 남깁니다.

18 솜을 댄 원단을 위로 하여 시접 0.7cm를 주고 박음질합니다.

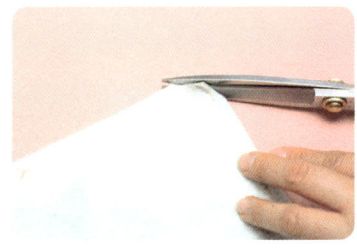

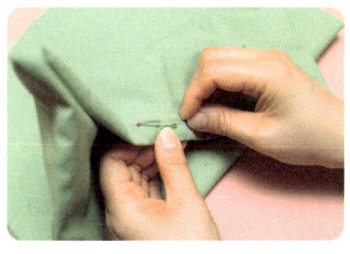

19 남는 원단은 솜에 맞추어 가위로 깨끗이 잘라냅니다.

20 모서리도 깨끗이 정리하여 잘라내고 남긴 창구멍을 이용하여 뒤집어줍니다.

21 뒤집어준 후 창구멍은 공그르기로 막아줍니다.

22 주머니를 본판에 올려놓습니다. memo 글자는 수성펜을 이용하여 써놓거나 자수할 때 씁니다.

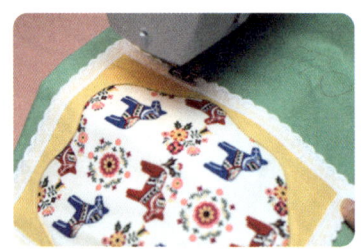

23 레이스 바깥 부분을 다시 한 번 전체를 돌려가며 박음질합니다.

24 고리 감에 5cm×15cm를 그린 후 모서리 부분은 가위로 둥글게 그려줍니다.

25 고리를 그린 선대로 솜을 대고 창구멍을 남기고 박음질합니다.

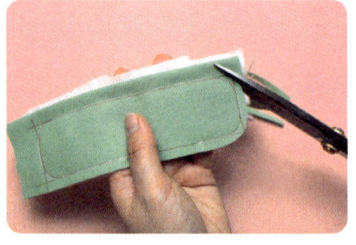

26 남는 솜은 가위로 바짝 잘라줍니다.

27 뒤집은 후 창구멍을 막으면서 가장자리를 상침하여 줍니다.

TIP **상침이란?**
박아서 지은 겹옷이나 방석 등의 가장자리를 실밥이 드러나도록 꿰매는 것을 말합니다. 손바느질로 하기도 하며 재봉틀로 박기도 합니다.

자수 놓아 완성하기 ▲▲▲ – – – – – – – – – – – – – – – – –

28 자수를 놓기 위해 재봉틀 뒷면에 톱니를 오른쪽으로 변경합니다(톱니가 내려지는 기능이 있는 재봉틀만 가능합니다).

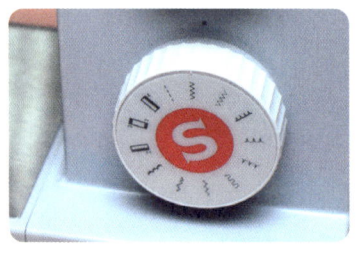

29 다이얼을 돌려 검은 점에 위치하도록 지그재그 채널로 변경합니다. 채널 설정은 각 재봉틀 기종에 따라 변경하는 방법을 참고하세요.

30 바느질의 땀수는 1로 놓습니다(기종에 따라 땀수 조절 방법은 다르니 재봉틀의 사용설명서를 참고하세요).

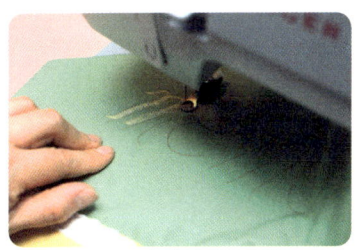

31 프리모션 노루발로 교체한 후 me mo 글자를 따라가며 박음질합니다.

32 memo가 아니더라도 자신이 새기고 싶은 글자를 써서 박음질하면 됩니다.

33 고리를 앞쪽으로 접어서 단추위치를 잡아준 후 손바느질로 달아줍니다.

34 심심한 벽의 수납공간을 꾸며주는 수납형 벽걸이가 완성되었습니다.

06

아기자기한 아이들 방의

삼각가랜드

06 삼각가랜드

예상 재료비 | 약 5,000원 **난이도** | ● ○ ○ ○ ○
완성 크기 | 길이 1m 정도

▶ 재료

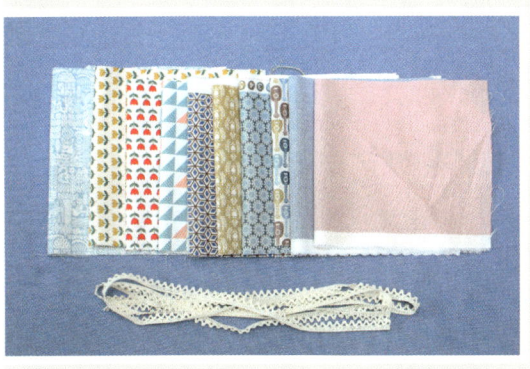

1 10가지 색상의 무늬 원단
2 토숀 레이스

▶▶ 재단하기

❶ 실물본 사용 25cm×14cm 시접 별도 0.7cm

★ 실물본 2-06. 아기자기한 아이들 방의 삼각가랜드

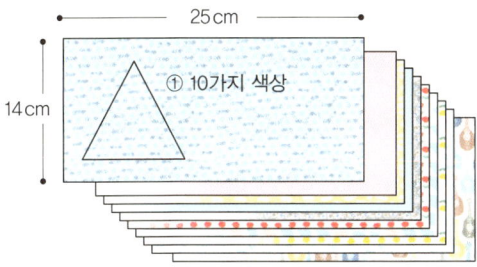

25cm

14cm

① 10가지 색상

01 무늬 원단을 반으로 접은 후 실물본을 대고 수성펜으로 삼각형 모양을 그려줍니다.

02 창구멍(2cm)을 표시합니다.

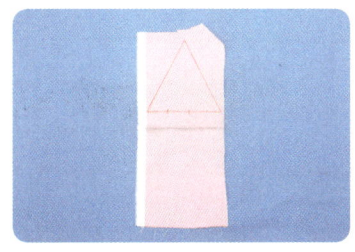

03 접은 원단 반쪽에만 패턴을 그려줍니다.

04 원단을 반으로 접어 패턴을 그린 쪽이 보이게 합니다.

05 창구멍을 남기고 박음질합니다.

06 시접을 0.7cm로 남기고 잘라냅니다.

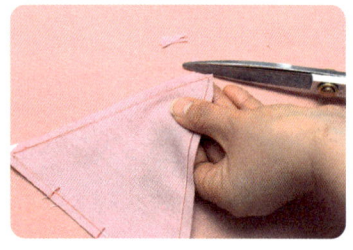

07 모서리 쪽은 뒤집을 때 뾰족하게 하기 위해 좀 더 짧게 잘라줍니다.

08 시접을 접어 다리미로 다려줍니다.

09 뒤집개를 창구멍으로 넣어 뒤집어 줍니다(1~9번까지 다양한 원단을 이용하여 동일한 방법으로 10장을 만듭니다).

10 10장의 무늬 원단의 반쪽에만 삼각 모양의 패턴을 그려 박음질한 후 뒤집어 다려서 순서대로 정렬합니다.

11 창구멍이 위로 향하게 하여 정렬한 후 토숀 레이스를 대줍니다.

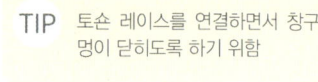

TIP 토숀 레이스를 연결하면서 창구 멍이 닫히도록 하기 위함

12 토숀 레이스를 처음 시작할 때와 마지막에 50cm 남기고 박음질합 니다. 레이스를 남기는 것은 끈 대 용으로 사용하기 위함입니다.

13 토숀 레이스를 박음질할 때 삼각형 원단을 하나씩 끼워 넣으면서 박음 질합니다.

14 아이들 방을 아기자기하게 꾸며주 는 가랜드가 완성되었습니다.

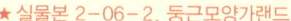

어플리케이션
Application

가랜드를 다양하게 만들어 활용해 보세요.

사진과 같은 원형 가랜드를 만들어보세요. 실물본을 사용하고 방법은 가랜드와 동일합니다.

가랜드(garland)는 화환이나 장식띠를 말하는데요, 주로 경사나 명절 같은 날 분위기를 더할 때 만들어 사용하는데 아이들 방에 장식용으로 많이 사용합니다. 최근에는 감성 캠핑용으로도 종종 사용하곤 합니다. 가랜드로 캠핑사이트(Campingsite) 내를 장식하여 멋스러운 분위기를 내기도 하고요. 꼭 원단이 아니더라도 색종이나 펠트 등을 사용해서 만들기도 하고 각국의 국기를 이용하여 아이들 학습용으로 만들기도 합니다. 다양한 가랜드를 만들어 보세요.

핸드메이드 벽걸이

디자인 시계

07 디자인 시계

예상 재료비 | 약 15,000원
난이도 | ●●●○○   완성 크기 | 29cm × 36cm

▶▶ 재료

1 무늬 원단
2 무지 원단
3 가방 바닥용 플라스틱
4 시계 무브
5 본드

▶▶ 재단하기

❶ 시계 본판 29cm×36cm 시접 별도, 실물본 2-07-1
❷ 무늬 원단 35cm×30cm 시접 별도, 실물본 2-07-2

★ 실물본 2-07. 핸드메이드 벽걸이 디자인 시계

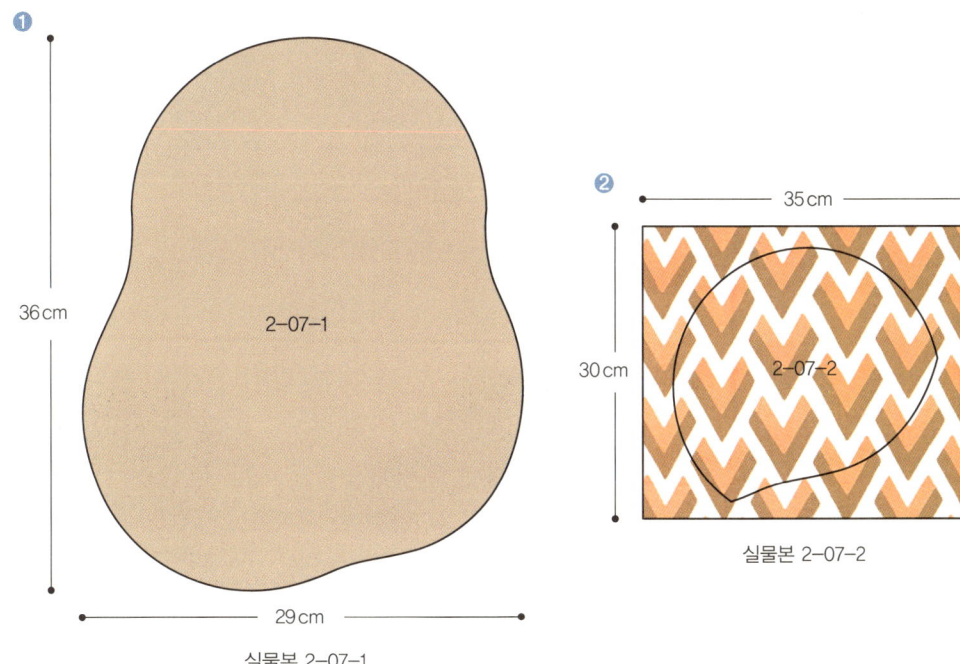

❶
36cm
29cm
2-07-1
실물본 2-07-1

❷
35cm
30cm
2-07-2
실물본 2-07-2

몸판 만들기 ▲▲▲ --------------------------------

01 ②번 무늬 원단을 반으로 접어 작은 실물본을 대고 본을 따라 페브릭펜이나 수성펜으로 그립니다.

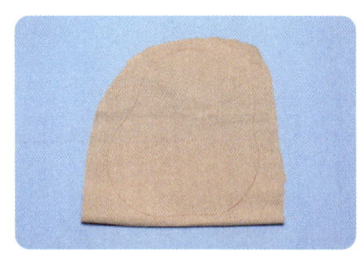

02 무지 원단에 시계본판을 대고 시계 모양을 따라 페브릭펜으로 그립니다.

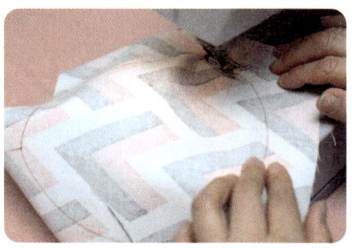

03 무늬 원단에 그린 선을 따라 박음질합니다. 이때 실물본에 표시된 선만 박음질합니다.

04 박음질하지 않은 하단 부분으로 뒤집어서 시접 부분을 남기고 한 장은 잘라내 버립니다.

05 무늬 원단을 시계 본판 표시된 부분에 대어 놓습니다(실물본 참고).

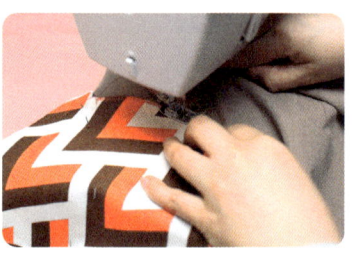

06 대어놓은 무늬 원단 가장자리를 지그재그(재봉틀에서 패턴을 지그재그로 변경)로 돌려가며 박음질합니다.

07 실물본에 표시된 부분까지만 박음질합니다.

08 시계 본판의 시접은 전체 3cm를 주고 잘라냅니다.

09 뒤집어서 박음질한(7번에서) 곳의 무지 원단을 사진처럼 모양에 맞게 잘라냅니다.

10 시계 본판 가장자리를 바늘로 1cm 간격으로 홈질합니다.

11 홈질한 시계 본판에 잘라놓은 가방 밑바닥을 대고 잡아당깁니다.

12 벗겨지지 않도록 지그재그로 엮어서 세게 잡아 당겨줍니다.

13 꼼꼼히 여러 번 엮어주고 매듭을 지어줍니다.

뒤판 연결하고 시계달기 ▲▲▲ --------

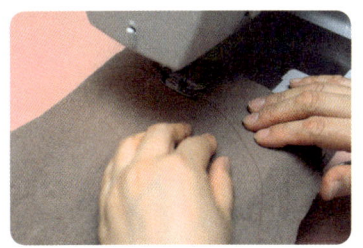

14 2장의 무지 원단에 시계 본판의 패턴을 그린 후 창구멍을 남기고 돌려 박음질합니다.

15 시접을 남기고 자른 후 뒤집어서 창구멍을 공그르기로 막아 뒤판을 완성합니다.

16 몸판에 뒤판을 덮어 고정합니다.

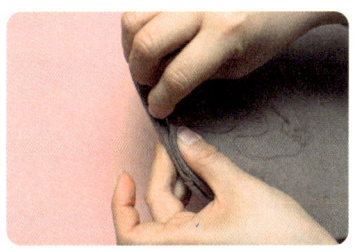

17 바느질로 전체를 꿰매 붙여줍니다.

18 무브를 놓을 중앙을 송곳을 이용하여 뚫어줍니다.

19 시계바늘(큰 바늘, 작은 바늘, 초바늘)을 순서대로 꽂아주고 숫자는 본드를 사용하여 위치에 맞게 붙여줍니다.

20 디자인 시계가 완성되었습니다.

08

먼지를 막아주는
모니터 덮개

O8 모니터 덮개

예상 재료비 | 약 20,000원   **난이도** | ● ● ○ ○ ○
완성 크기 | 43cm×61cm(17인치 기준)

▶▶ 재료

1 커트지
2 튤립 원단
3 무지 원단
4 나무단추
5 2온스 접착솜 65cm×46cm 1장

▶▶ 재단하기

❶ 커트지 35cm×28cm 1장
❷ 튤립 원단 35cm×27cm 1장
❸ 보더 위아래 35cm×7 2장
❹ 보더 양옆 64cm×7cm 2장
❺ 뒷감 45cm×64cm 1장
❻ 끈 감 2cm×17cm 4장

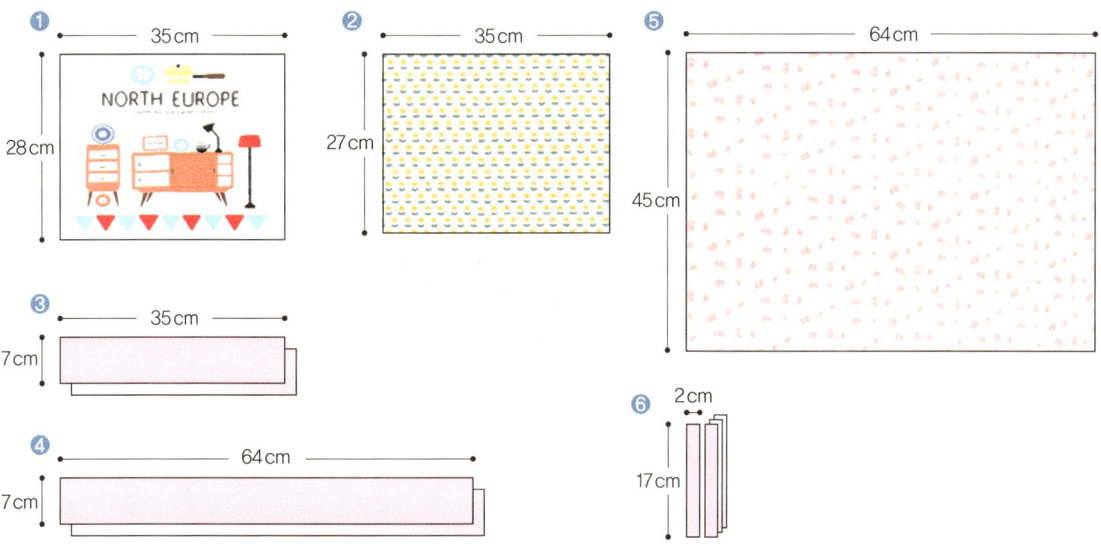

❶ 35cm / 28cm — NORTH EUROPE

❷ 35cm / 27cm

❺ 64cm / 45cm

❸ 35cm / 7cm

❹ 64cm / 7cm

❻ 2cm / 17cm

몸판 만들기 ▲▲▲ --

01 ①번 커트지와 ②번 튤립 원단을 준비합니다.

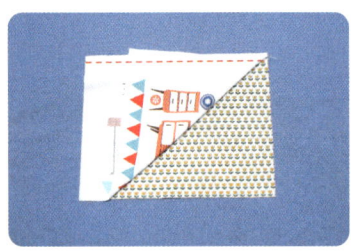

02 튤립 원단과 커트지를 겉과 겉이 마주보게 하여 올려놓습니다.

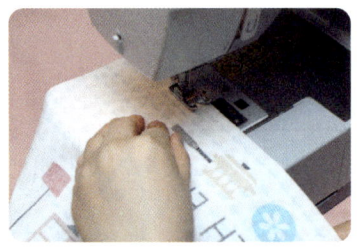

03 올려놓은 윗부분을 0.7cm 남기고 박음질합니다.

04 박음질한 선을 다림질로 다려줍니다.

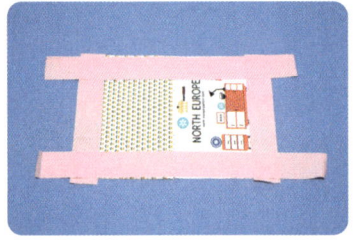

05 ③번 보더 위, 아래와 ④번 보더 양옆을 대어줍니다.

06 아래, 위 보더를 먼저 0.7cm로 박음질합니다.

07 박음질한 선의 시접을 아래로 향하게 하여 다려줍니다.

08 양옆 보더를 박음질합니다.

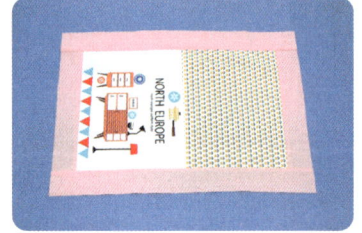

09 보더를 깔끔하게 정리해줍니다.

끈 만들기 ▲▲▲ --

10 ⑥번 2cm 폭의 끈을 반 접어서 다려줍니다.

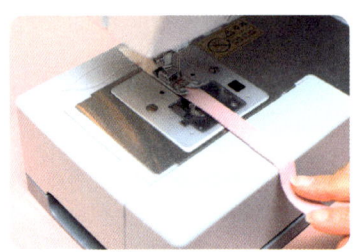

11 반으로 접은 끈을 0.5cm 간격으로 박음질합니다.

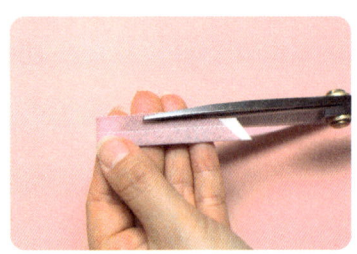

12 시접 부분을 최대한 붙여서 잘라줍니다.

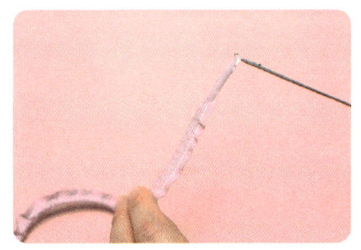

TIP **시접을 조금만 남기고 자르는 이유**
시접을 최대한 붙여서 자르는 이유는 완성 폭이 0.5cm밖에 안 되므로 시접이 넓어지면 뒤집었을 때 겉이 두툼하게 나와 선이 매끄럽지 않게 되기 때문입니다.

13 뒤집개를 이용하여 뒤집어줍니다.

14 뒤집어준 끈을 다리미로 반듯하게 다려줍니다.

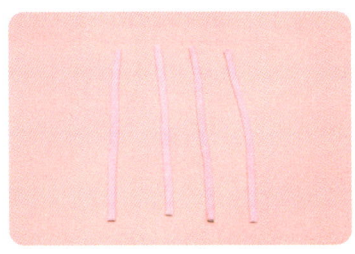

15 4장의 끈을 같은 방법으로 만들어 놓습니다.

16 2온스 접착솜 위에 앞판을 올려놓습니다.

17 접착솜을 전체가 잘 붙도록 다려줍니다. 가장자리 남는 솜은 가위로 잘라냅니다.

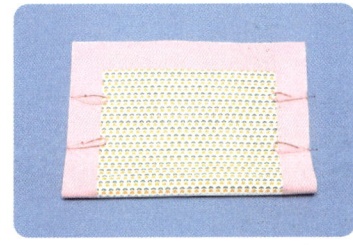

18 튤립쪽 원단 양쪽에 2개씩 끈을 시침핀으로 고정합니다.

19 고정시킨 4개의 끈을 박음질합니다.

마무리하여 완성하기 ▲▲▲ ----

20 겉감과 뒷감에 겉이 마주보도록 놓아줍니다.

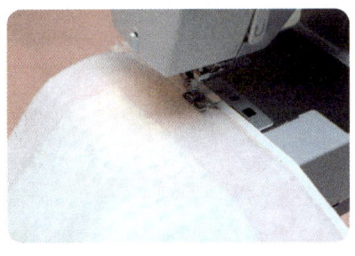

21 오른쪽에 창구멍을 10cm 정도 남기고 네 면을 박음질합니다.

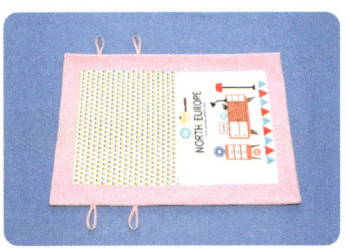

22 전체를 창구멍으로 뒤집어서 다려줍니다.

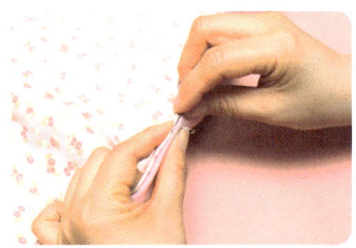

23 남겨놓은 창구멍을 공그르기로 막아줍니다.

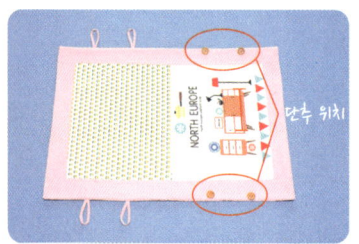

24 단추를 끈 위치(그림 있는 방향)에 양쪽에 2개씩 자리를 잡아줍니다. 미리 접어서 단추 달 위치가 정확한지 확인해주세요.

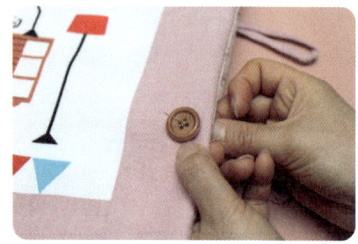

25 잡아준 위치대로 단추 4개를 바느질로 달아줍니다.

26 먼지를 막아주는 모니터 덮개가 완성되었습니다.

24인치 모니터 덮개 만들기

집에 있는 모니터 크기를 자로 재거나 해당 모니터 크기를 참고해 원단을 재단하여
모니터 덮개를 만들어보세요.

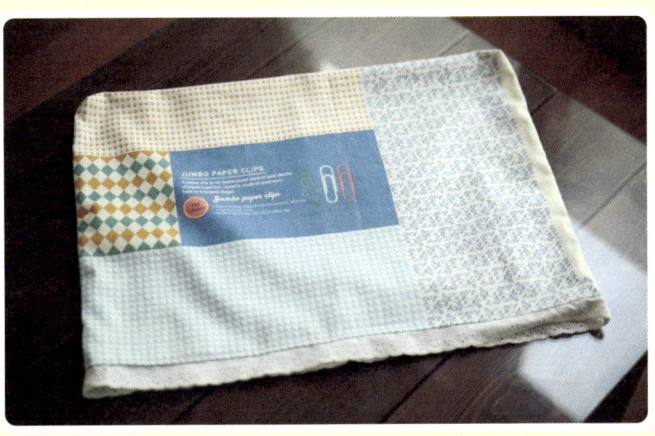

무늬 리넨 54cm×72cm(시접 포함) 1장, 무지 안감 54cm×72cm(시접 포함) 1장, 레이스 105cm를 준
비합니다. 속지 안 쪽 위에 겉지의 겉을 향하게 하여 네 면을 오버로크 처리합니다.
세로를 반으로 접어 36cm가 되게 만들고 양 옆을 박음질합니다. 위쪽에 2cm 폭이 되도록 삼각접기
를 하고 아래 부분에 레이스를 달아줍니다.

〈24 inch 모니터〉

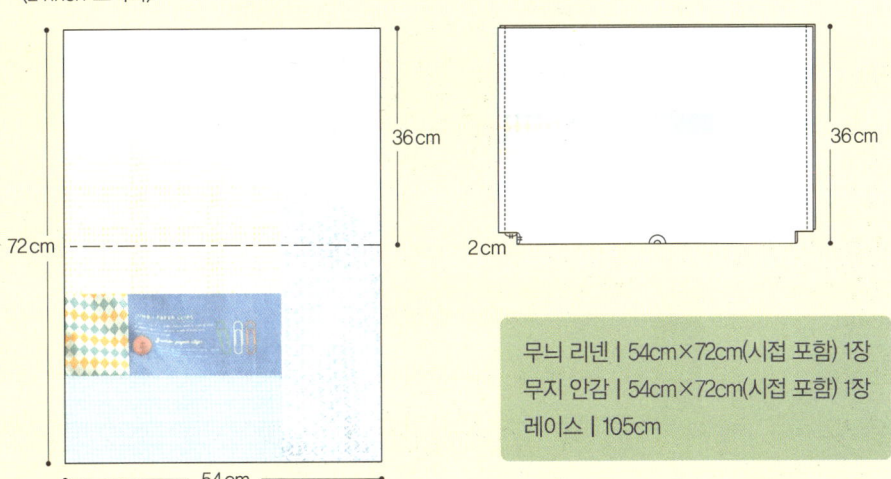

36cm

72cm

54cm

36cm

2cm

무늬 리넨 | 54cm×72cm(시접 포함) 1장
무지 안감 | 54cm×72cm(시접 포함) 1장
레이스 | 105cm

 골선이란?

실물본에 보면 ⌒표시는 원단이 접히는 부분을 말합니다. 원단 크기가 보통 30cm×60cm일 경우, 세로는 30cm
만 그려서 골선을 표시하여 사용합니다. 크기가 커서 실물본에 들어가지 않을 때 사용하는 기호입니다.

먼지도 막아주고 방 분위기도 바꿔주는

컴퓨터본체덮개

09 컴퓨터본체덮개

예상 재료비 | 약 8,000원
난이도 | ●○○○○   완성 크기 | 50cm×44cm

▶▶ 재료

1 옥스퍼드 원단

▶▶ 재단하기

❶ 겉감 50cm×44cm 2장
❷ 바이어스 190cm×3.5cm(사선 재단)

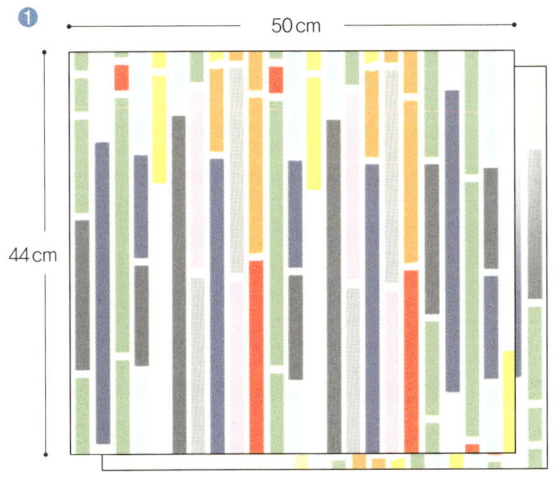

❶
50cm
44cm

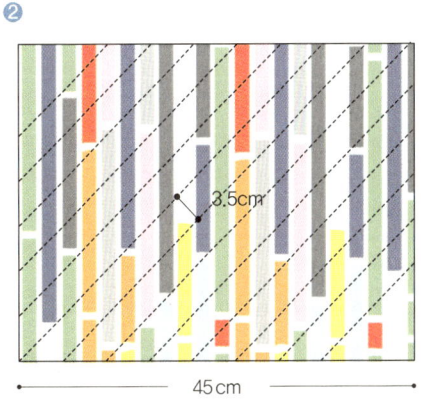

❷
3.5cm
45cm

190cm만 재단하세요.

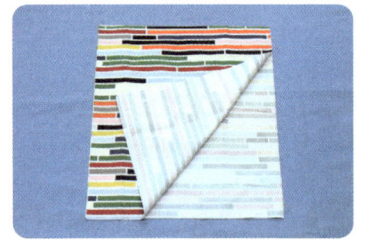

01 겉감 ① 2장을 안쪽으로 마주보게 놓고 준비합니다.

02 네 면 모두 가장자리를 전체 0.2cm로 박음질합니다.

03 사선으로 재단하고 연결한(190cm) 바이어스 ②번을 준비하고, 바이어스 끝을 2cm 접어서 겉감 가장자리에 시침핀으로 고정합니다.

04 바이어스를 0.7cm로 박음질합니다.

05 모서리에서 0.7cm를 남기고 되돌아 박음질해서 원단을 빼냅니다.

06 원단을 빼낸 후 바이어스를 사진처럼 위로(삼각형 모양) 접어 올려줍니다.

07 다시 위와 같이 아래로(삼각형 모양) 접어서 내립니다.

08 접은 바이어스를 0.7cm로 박음질합니다. 사각형의 모서리는 전체를 같은 방법으로 바이어스를 박음질합니다.

09 2cm 접어준 바이어스의 처음 부분에서 끝선까지 박음질합니다.

10 바이어스 처음 부분 2cm 쪽에 접어준 끝선에 맞추어 남는 바이어스를 가위로 잘라줍니다.

11 자른 위쪽을 손으로 들어 올려줍니다.

12 그런 후에 본판을 겉쪽 방향으로 뒤집어줍니다.

13 뒤집은 본판의 바이어스 겉을 한 번 접어줍니다.

14 다시 두 번 접어 감싸준 다음 박음 질을 준비합니다. 모든 바이어스는 위와 같이 처리합니다.

15 0.2cm로 바이어스를 박음질합니다.

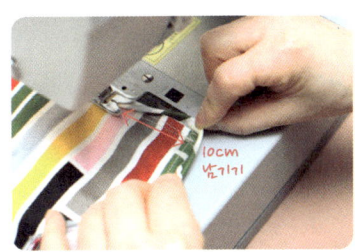

16 바이어스를 박음질하다 모서리가 가까워지면 10cm를 남기고 박음질 을 멈춥니다.

17 아래쪽 바이어스를 먼저 접어줍 니다.

18 다시 위쪽을 사선으로 덮어서 사진 처럼 만들고 박음질을 합니다.

19 바이어스의 시작 부분과 가까워질 때 남는 바이어스 끝을 시작 부분 의 위쪽으로 덮어서 박음질합니다.

20 전체를 박음질합니다.

21 먼지도 막아주고 방 안의 분위기도 바꿔주는 컴퓨터본체덮개가 완성 되었습니다.

10

거실의 분위기를 산뜻하게

소파패드

10 소파패드

예상 재료비 | 약 20,000원
난이도 | ● ● ○ ○ ○   **완성 크기** | 110cm×60cm

▶▶ 재료

1 누비 원단
2 미끄럼 방지 원단
3 바이어스 감

▶▶ 재단하기

❶ 누비 원단 앞판 110cm×60cm 1장
❷ 미끄럼 방지 원단 115cm×65cm
❸ 바이어스 감 360cm×12cm 정도

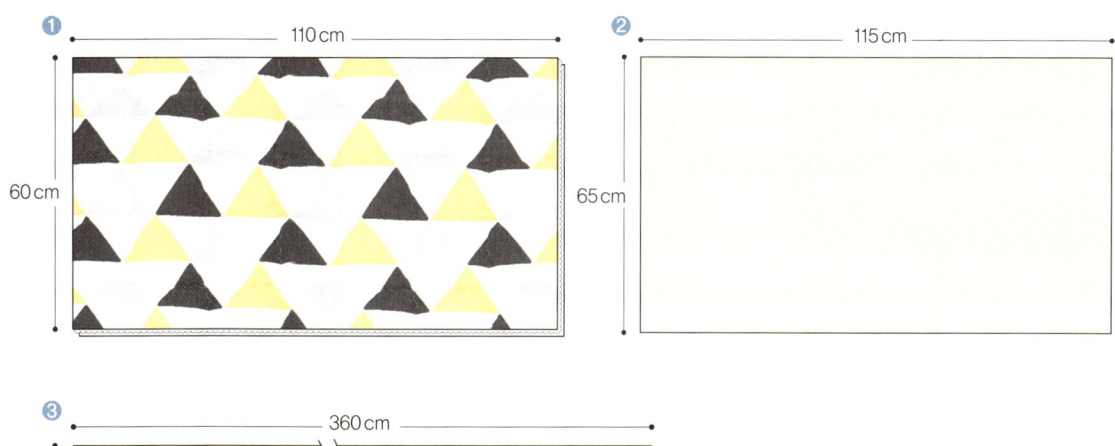

❶ 110cm / 60cm

❷ 115cm / 65cm

❸ 360cm / 12cm

몸판 만들기 ▲▲▲

01 ② 미끄럼 방지 원단 위에 ① 누비 원단 앞판을 올려놓습니다.

02 끝박음질로 사방 전체를 박음질합니다.

03 앞판에 맞추어 남은 미끄럼 방지 원단은 잘라냅니다.

바이어스 싸기 ▲▲▲

04 바이어스로 사용할 원단을 수성펜으로 4등분하여 선을 그어줍니다.

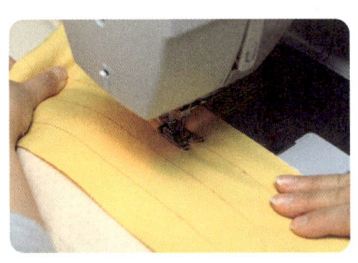

05 미끄럼 방지 원단 쪽에 먼저 바이어스를 대고 ¼을 박음질합니다.

06 박음질하다가 모서리 쪽으로 가까워지면 모서리 위쪽을 15cm 정도 남기고 박음질을 멈춥니다. 재봉바늘을 빼고 모서리 쪽에 M자 모양으로 바이어스에 그림을 그립니다.

07 M자 모양으로 그림 그린 아래쪽 선을 중심으로 바이어스를 반으로 접습니다.

08 반으로 접어놓은 상태에서 페브릭펜으로 대각선에 동그라미 표시를 해줍니다.

09 표시된 동그라미 선에 가위집을 내기 위해 재봉틀 땀수를 2로 맞춰 박음질합니다.

10 박음질한 선을 시접 0.5cm 남기고 잘라냅니다.

11 두 곳을 삼각형으로 오린 후 오른쪽 세모난 모서리 쪽에 가위집을 내줍니다. 왼쪽은 그대로 둡니다.

12 박음질하다 멈춘 15cm 부분부터 다시 박음질하여 모서리 M자 모양 부분을 모서리에 놓고 잡아당기면서 직각을 돌려 박음질합니다.

13 가위집 낸 곳을 ㄱ자 방향으로 돌린 후 직각으로 만들어 계속 박음질합니다(모서리 부분은 모두 똑같이 M자 모양을 만들어 박음질).

14 사선 모양이 되도록 양쪽 바이어스감을 삼각형 모양으로 접어줍니다.

15 접어놓은 삼각형 모양의 양쪽 바이어스를 겉과 겉이 마주보게 하여 시접으로 접힌 삼각형 부분을 잡아서 접힌 부분 쪽에 박음질합니다.

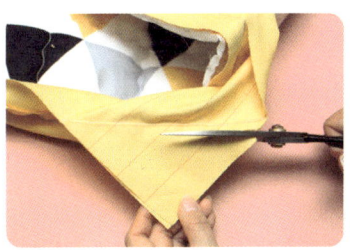

16 시접 0.7cm를 남기고 삼각형 모양을 잘라냅니다.

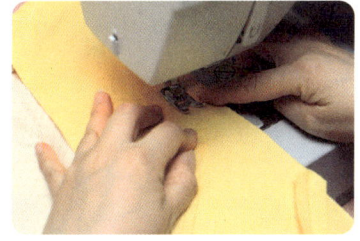

17 사선으로 바이어스를 이어준 후 박음질 하지 않은 나머지 부분을 박음질하고 안쪽 바이어스를 박음질합니다.

18 안쪽이 마무리되면 몸판을 뒤집어서 두 번 접은 후 감싸줍니다.

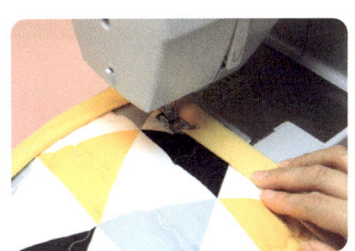

19 모서리를 정리하면서 앞쪽 바이어스를 감싸서 끝박음질로 박음질합니다.

20 거실의 분위기를 산뜻하게 꾸며주는 소파패드가 완성되었습니다.

소파보다 푸근한

사각퍼프방석

11 사각퍼프방석

예상 재료비 | 약 30,000원

난이도 | ●●○○○ **완성 크기** | 50cm×50cm

▶▶ 재료

1 무늬 원단
2 면 끈 25cm 1개
3 싸개단추(지름 20mm) 8개

▶▶ 재단하기

❶ 무늬 원단 60cm×60cm 2장

❶
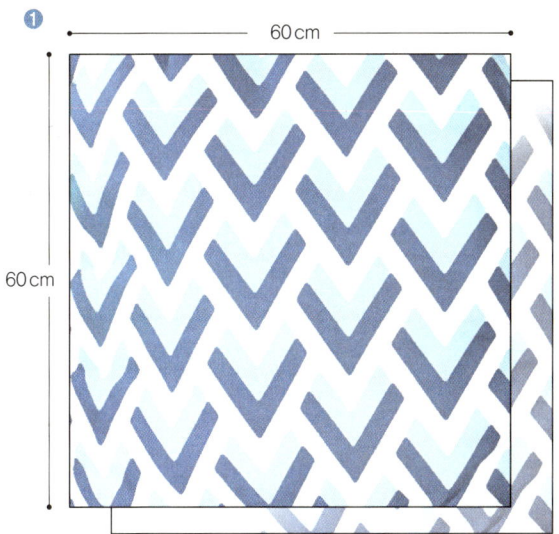

60cm

60cm

몸판 만들기 ▲▲▲

01 ①번 무늬 원단을 준비하여 60cm ×60cm로 2장을 재단합니다.

02 무늬 원단 2장을 겉과 겉이 마주보게 놓고 시접 1cm를 네 면 모두 그려줍니다.

03 창구멍을 10cm 정도 남기고 네 면 모두 박음질합니다.

04 직각자를 이용하여 각각 네 면의 모서리에 5cm×5cm 각을 그려줍니다.

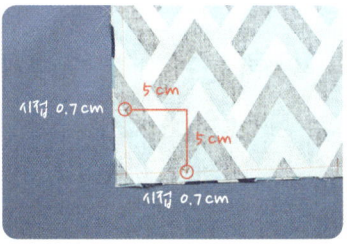

05 시접(0.7cm) 부분을 뺀 곳에서부터 ㄱ자 모양으로 가로, 세로 5cm를 그려줍니다.

06 몸판의 앞뒤 8곳의 모서리를 모두 같은 방법으로 그려줍니다(주의 : 시접 0.7cm 부분을 꼭 제외하고 ㄱ자 모양으로 가로, 세로 5cm를 그려주세요).

07 네 모서리 중 아무 곳이나 한쪽 모서리 꼭지를 기준으로 하여 삼각형 모양으로 양쪽을 접어주면 뒤쪽에서 표시한 5cm 선이 서로 일직선으로 놓이게 됩니다(종이비행기를 접을 때 연상하면 이해가 쉽습니다).

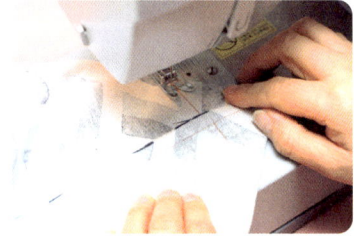

08 접은 삼각형 모양을 보면 일직선으로 된 5cm 부분이 마주하게 되는데 이 부분에 선을 따라 박음질하면 됩니다.

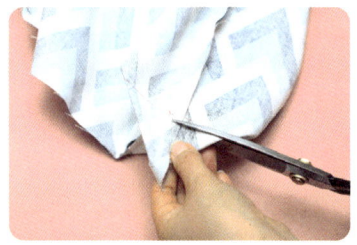

09 시접을 1cm 남기고 삼각형을 잘라냅니다. 남은 세 모서리(7~9번 반복)를 동일하게 처리합니다.

10 창구멍으로 뒤집어 줍니다.

11 뒤집은 후 각이 잘 나왔나 확인합니다.

모서리 각잡기 ▲▲▲

12 각을 좀 더 내기 위하여 다림질을 합니다.

13 네 군데 모두 각을 다림질하여 놓습니다.

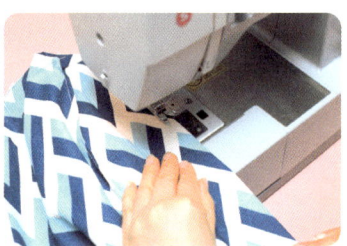

14 다려놓은 부분의 각을 따라 모두 박음질합니다.

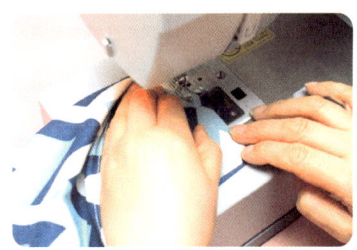

15 나머지 부분도 모두 박음질합니다.

16 모서리 쪽의 양쪽 끝 각을 잡아줍니다.

17 잡아준 모서리 양쪽 각도 박음질합니다.

18 창구멍으로 솜을 채워 넣은 후 공 그르기로 창구멍을 막아줍니다.

19 바늘을 이용하여 위, 아래 판 모서 리를 올록볼록한 모양으로 만들어 줍니다.

20 먼저 옆면에서 바늘을 꽂아 대각선 상의 맞은편 위판으로 빼내고 다시 맞은편 대각선상의 옆면으로 빼내 는 지그재그 홈질을 반복합니다.

마무리하여 완성하기 ▲▲▲ ------------

21 앞쪽 4개, 뒤쪽 4개의 싸개단추를 준비하여 중앙 기준으로 4 지점에 달아줍니다.

22 싸개단추는 앞에서 단추를 달아 뒤 쪽으로 실을 빼내고 뒤쪽 단추를 연결하여 달면서 앞쪽과 뒤쪽의 솜 이 움푹 들어가게끔 잡아당기면서 달아줍니다.

23 앞뒤 4개씩 서로 연결하여 잡아당 기며 싸개단추를 달아줍니다.

24 4면 중의 한쪽에 면 끈을 손바느질 로 달아줍니다.

25 퍼프방석이 완성되었습니다.

원형퍼프방석 만들기

네모난 퍼프 방석을 만들어 봤다면 원형으로 된 퍼프 방석도 만들어보세요.

컴퍼스를 이용해 50cm의 원형을 2장의 원단에 그립니다.

지름 50cm인 원단 2장(앞판, 뒤판)과 폭 10cm×157cm 원단 1장을 준비하세요.

지름 50cm인 앞장과 폭 10cm 원단을 합폭(두 장의 원단을 마주 대고 이어 박음질 하는 과정)한 후 뒤판 원단을 다시 창구멍을 남기고 합폭합니다. 창구멍을 통해 솜을 채우고 공그르기로 마무리합니다. 싸개단추 8개를 준비하여 앞뒤로 4개씩 잡아당기며 달아줍니다. 퍼프방석 만들기를 참고한 후 만들어보세요.

깔끔한 원목의자와 어울리는

의자방석

12 의자방석

예상 재료비 | 약 10,000원
난이도 | ● ○ ○ ○ ○   완성 크기 | 40cm×40cm

▶▶ 재료

1 리넨 원단-1(겉감)
2 리넨 원단-2(뒤판)
3 리넨 원단-3(끈 감)
4 패딩솜

▶▶ 재단하기

❶ 겉감 리넨 원단-1 42cm×42cm 1장
❷ 안감 패딩솜 88cm×44cm 2장
❸ 뒤판 리넨 원단-2 42cm×42cm 1장
❹ 끈 감 리넨 원단-3 40cm×7cm 4장

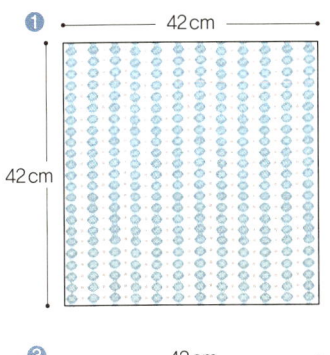

❶ 42cm × 42cm

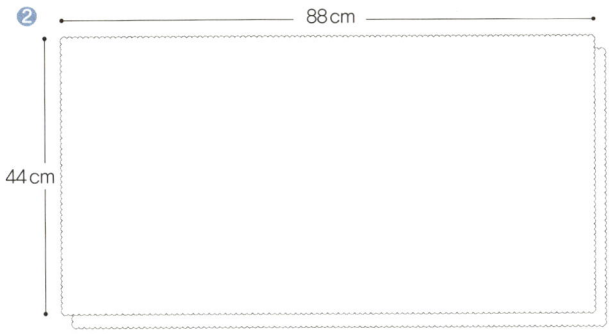

❷ 88cm × 44cm

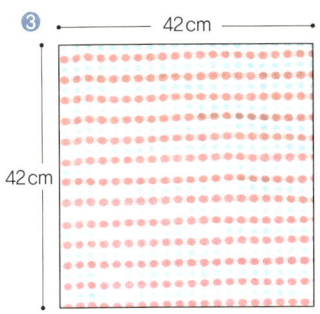

❸ 42cm × 42cm

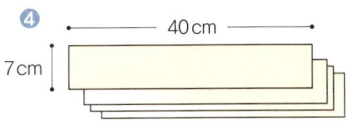

❹ 40cm × 7cm

01 ②번 패딩솜 한 장을 반으로 접은 후 ①번 겉감 리넨 원단을 위에 올려줍니다.

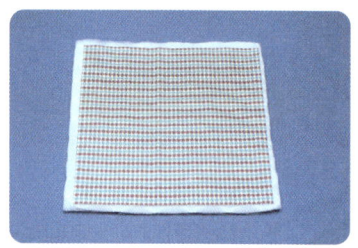

02 나머지 ②번 패딩솜 한 장을 반으로 접은 후 ③번 뒤판 리넨 원단을 위에 올려줍니다.

03 패딩솜 위에 올린 겉감 ①번을 전체 0.3cm로 박음질합니다.

04 패딩솜 위에 올린 ③번 뒤판을 전체 0.3cm로 박음질합니다.

05 ①번 겉감 리넨 원단을 오버로크합니다.

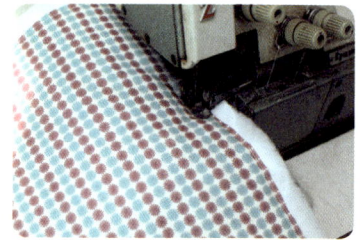

06 ③번 뒤판 리넨 원단을 오버로크합니다.

끈 만들기 ▲▲▲ --------------------------------

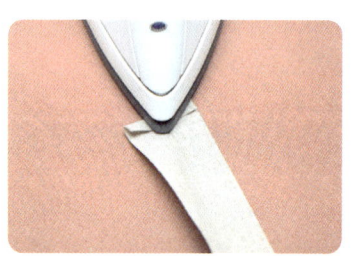

07 끈 감으로 사용할 리넨 무지 원단 ④번의 맨 윗부분을 1cm 접어 다려줍니다.

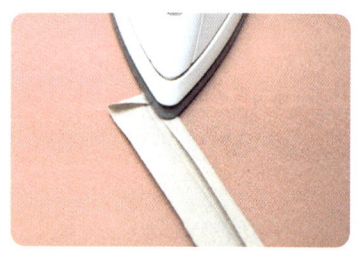

08 원단의 오른쪽도 1cm 접어 다려줍니다.

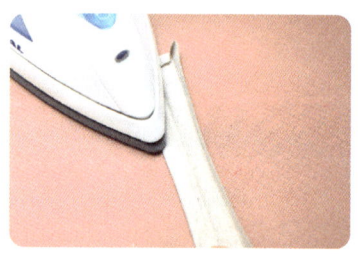

09 원단의 왼쪽도 1cm 접어 다려줍니다.

10 리넨 무지 원단의 전체를 반으로 접어 다려줍니다.

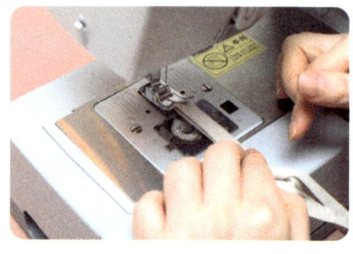

11 위쪽 접은 부분부터 ㄱ자로 박음질합니다.

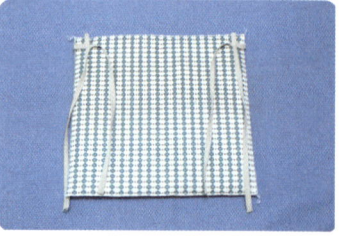

12 겉감쪽 상단 양쪽 모서리에 끈을 십자 모양으로 올려놓고 위치를 잡아줍니다.

13 끈을 올려 가로, 세로 3cm 정도 남긴 후 십자 모양으로 위치를 잡아 줍니다.

14 반대쪽도 마찬가지로 가로, 세로 3cm를 남기고 십자 모양으로 위치를 잡아줍니다.

15 끈 부분만 0.5cm로 박음질합니다.

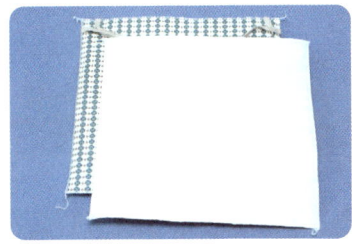

16 끈을 박아준 겉감에 뒤판을 겉끼리 놓습니다.

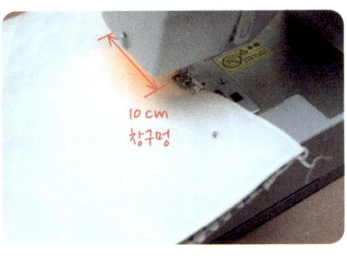

17 뒤쪽에서 창구멍을 10cm를 남기고 전체 1cm로 박음질합니다.

18 창구멍으로 전체를 뒤집어준 후 남은 창구멍을 겉에서 0.2cm 박음질합니다.

19 모서리에서 직각으로 12cm 정도의 위치에서 X자로 1cm씩만 박음질을 해줍니다. 남은 모서리에서도 모두 동일하게 4번을 박음질합니다.

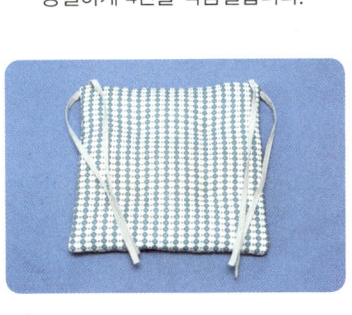

20 깔끔한 원목의자와 어울리는 의자 방석이 완성되었습니다.

13

소파와의 산뜻한 만남

사각쿠션

13 사각쿠션

예상 재료비 | 20,000원

난이도 | ● ○ ○ ○ ○   **완성 크기** | 45 cm×45 cm

▶▶ 재료 ――――――――――――――――――――――――

1 패딩지
2 무늬 원단
3 무지 원단
4 지퍼
5 슬라이드
6 솜 쿠션 45 cm×45 cm 1개

▶▶ 재단하기 ―――――――――――――――――――――――

❶ 무늬 앞판 47 cm×47 cm 1장
❷ 무지 뒤판 47 cm×52 cm 1장
❸ 패딩지 50 cm×50 cm 1장

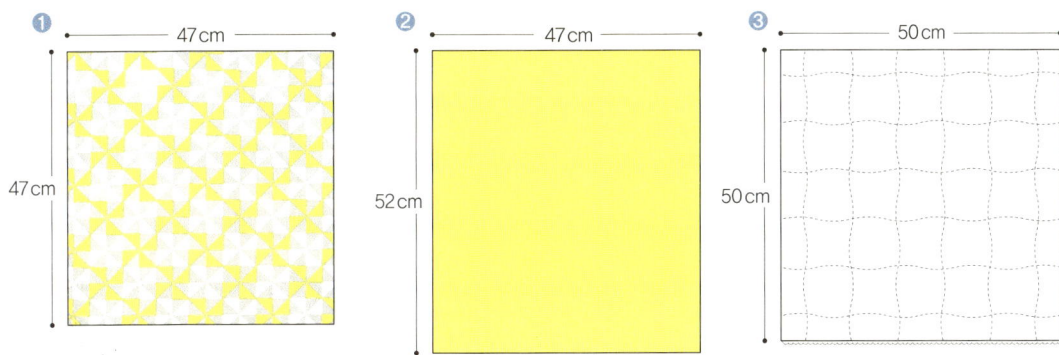

❶ ├―― 47 cm ――┤
47 cm

❷ ├―― 47 cm ――┤
52 cm

❸ ├―― 50 cm ――┤
50 cm

앞판 만들기 ▲▲▲ -

01 ①번 무늬 앞판을 47cm×47cm로 재단하여 패딩지에 올려놓습니다.

02 패딩지와 함께 전체 가장자리를 박음질합니다.

03 앞판에 맞추어 패딩지를 깨끗이 잘라냅니다.

04 박음질한 후 패딩지를 깨끗이 잘라낸 앞판을 준비합니다.

05 ②번 무지 뒤판 원단을 47cm×52cm로 재단하여 준비합니다.

06 뒤판을 ⅓(47cm×17cm)로 자릅니다(47cm×17cm와 47cm×35cm가 되도록 자릅니다).

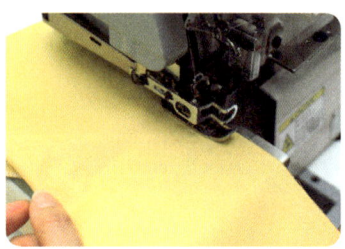

07 ⅓(47cm×17cm)로 자른 부분을 오버로크 처리합니다. 남은 47cm×35cm 원단도 오버로크 처리합니다.

08 오버로크 처리한 ⅓부분(47cm×17cm)의 한쪽을 2cm로 접어 다립니다.

09 ⅔(47cm×35cm)가 남은 쪽은 한쪽을 1cm로 접어 다립니다.

10 지퍼 노루발로 교체하여 큰 쪽(47cm×35cm) 1cm로 접어 다린 쪽에 지퍼의 한쪽 부분을 박음질합니다.

11 2cm를 접어 다린 부분의 원단(47cm×17cm)을 먼저 박음질한 지퍼 위에 덮고 박음질합니다.

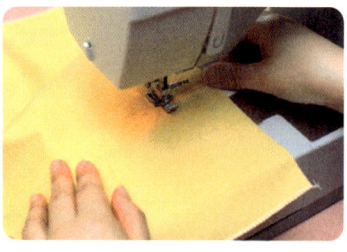

12 지퍼를 덮고 박음질할 때 처음은 끝박음질로 5cm 정도 띄운 다음 지퍼 부분을 되돌아 박음질합니다.

TIP **홈패션에 사용하는 지퍼 활용법**
홈패션 지퍼는 잘라서 사용하기 때문에 슬라이드가 끼워져 있지 않습니다. 그래서 슬라이드는 따로 준비해서 지퍼를 박음질할 때 중간 과정에서 끼워줍니다

13 슬라이드를 끼우기 위해 끝 지점 5cm 정도에서 바늘을 꽂고 멈춥니다.

14 슬라이드를 끼워줍니다.

15 다시 슬라이드를 지퍼 중앙으로 밀어줍니다.

16 5cm를 남기고 멈춘 곳에서 되돌아 1.2cm 간격으로 박음질합니다.

 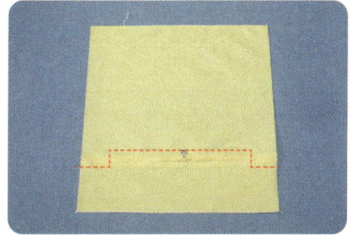

17 바늘을 꽂은 채로 노루발을 들어 원단을 오른쪽으로 돌린 후 왼쪽 끝을 박음질합니다. 나머지 5cm 부분도 끝박음질로 마무리합니다.

18 뒤판에 지퍼를 달아 완성한 모습입니다.

앞판과 뒤판 연결하기 ▲▲▲ --------

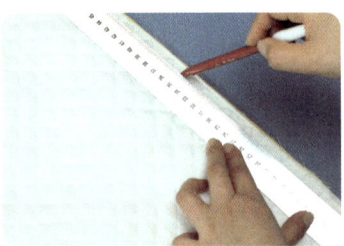

19 앞판의 네 면에 사각형으로 시접 1cm를 그려줍니다.

20 앞판의 앞과 뒤판의 겉이 마주보게 하여 놓습니다.

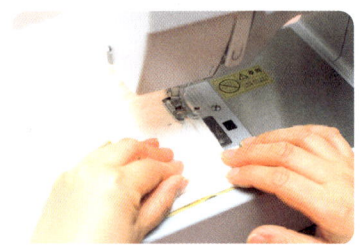

21 앞판에서 그린 시접선을 따라 사방을 박음질합니다.

22 전체를 오버로크 처리합니다.

23 솜을 넣기 전 몸판이 만들어졌습니다.

24 지퍼를 열고 모서리를 접어가며 뒤집어줍니다.

25 규격에 맞는 사이즈의 솜 쿠션을 넣으면 사각쿠션이 완성됩니다.

파이핑 사각쿠션 만들기

같은 모양이지만 옆선에 파이핑을 달아줌으로써 좀 더 탄력 있는 파이핑 사각쿠션을
만들어보세요.

몸판 재단은 사각쿠션 만들기와 동일하며 파이핑 감 4cm×200cm 정도의 원단을 준비하고 외노루
발로 교체하여 파이핑을 박음질합니다. 파이핑 만들기(167쪽 참고)를 참고하여 만들어줍니다. 나머지
는 사각쿠션 만들기와 동일하게 바느질하여 마무리합니다.

14

차분한 분위기를 살려주는

패치사각쿠션

14 패치사각쿠션

예상 재료비 | 약 20,000원
난이도 | ●○○○○　　**완성 크기** | 45cm×45cm

▶▶ 재료

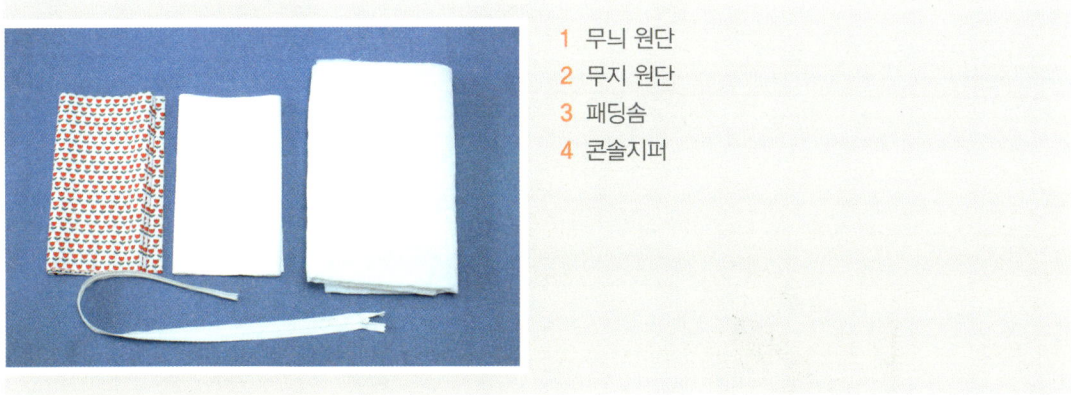

1 무늬 원단
2 무지 원단
3 패딩솜
4 콘솔지퍼

▶▶ 재단하기

❶ 무늬 원단 49cm×24.5cm 2장
❷ 무지 원단 49cm×24.5cm 2장

❶

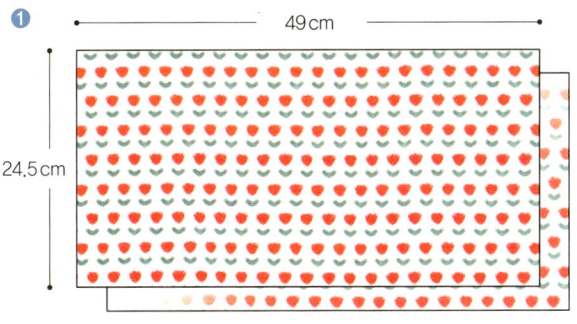

49cm
24.5cm

❷

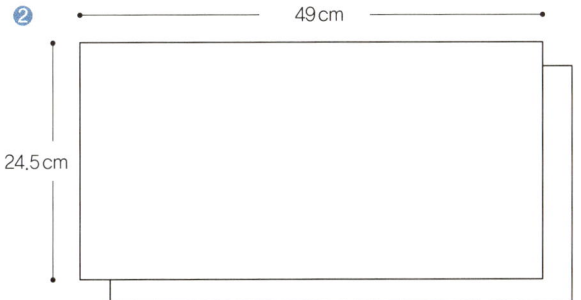

49cm
24.5cm

앞판 만들기

01 49cm×24.5cm 무지 원단 1장과 49cm×24.5cm 무늬 원단 1장을 겉이 마주보게 올려놓습니다.

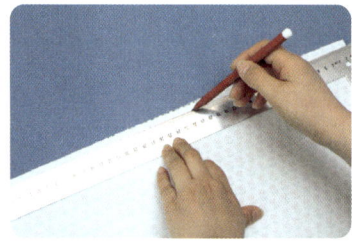

02 펜과 자를 이용해 1cm 시접을 그려줍니다.

03 그린 선을 대고 박음질합니다.

04 시접을 한쪽(외솔) 방향으로 정하여 다림질합니다.

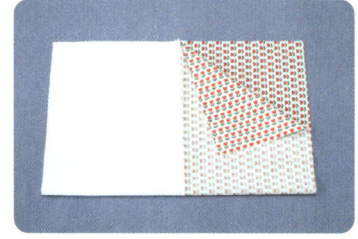

05 49cm 원단을 반으로 접어 24.5cm가 되도록 합니다.

06 접은 곳을 반으로 자릅니다.

07 자른 2장의 원단을 패턴이 엇갈리게 하여 배치합니다.

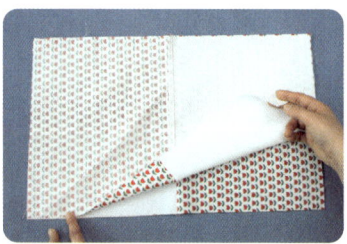

08 배치한 아래쪽 원단을 그대로 덮어줍니다. 겉과 겉이 마주보게 합니다.

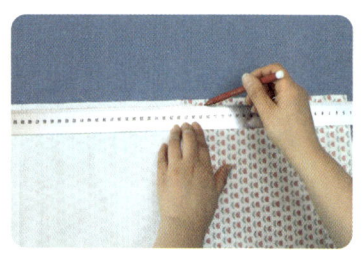

09 올려놓은 원단 상태에서 직각자를 이용하여 상단 1cm로 시접선을 그려줍니다.

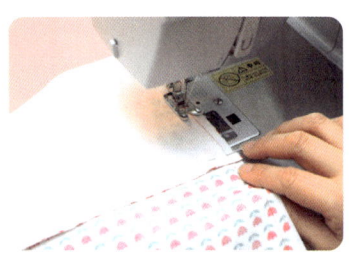

10 그린 선을 따라 박음질합니다.

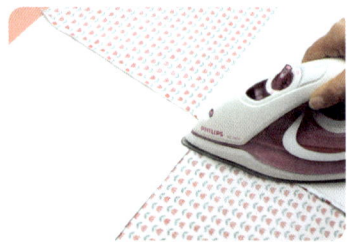

11 박음질된 원단을 펼친 후 시접을 외솔로 다려줍니다.

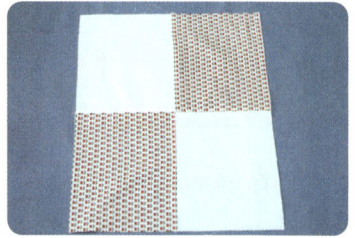

12 앞판이 완성되었습니다(똑같은 방법으로 뒤판을 1장 더 만들어 줍니다).

앞판과 뒤판 연결하기 ▲▲▲

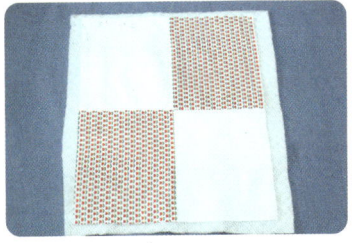

13 앞판에 패딩지를 대어줍니다(같은 방법으로 뒤판에도 패딩지를 대줍니다).

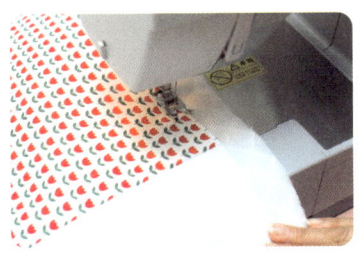

14 네 면의 가장자리를 전체 박음질합니다.

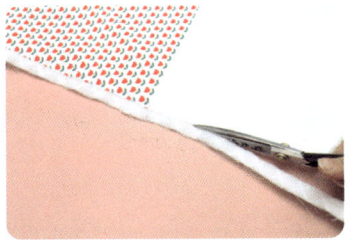

15 남은 패딩솜을 재단가위로 잘라냅니다.

16 앞판 한쪽에 지퍼 달 부분은 먼저 오버로크 처리하여 줍니다(뒤판 한쪽도 오버로크 처리하여 줍니다).

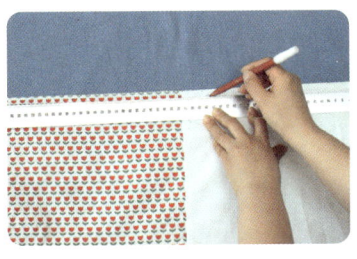

17 오버로크 처리한 후 1cm 시접선을 그려줍니다.

18 뒤판도 1cm 시접선을 그려줍니다.

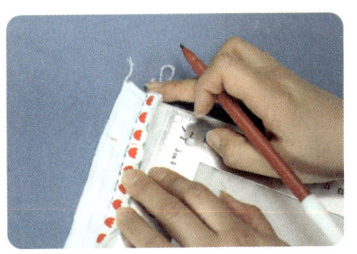

19 앞판과 뒤판을 겉과 겉을 마주보게 놓은 후 끝(오른쪽) 쪽에 박음질할 선 4cm를 표시합니다.

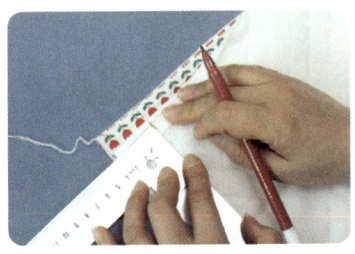

20 반대쪽(왼쪽) 끝도 4cm 표시를 합니다.

TIP **외솔이란?**
외솔은 시접을 한쪽 방향으로 정하여 다려준다는 뜻입니다.

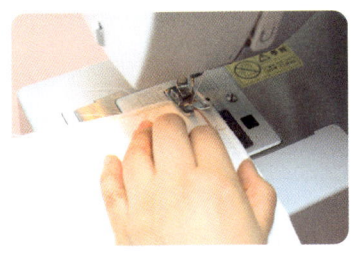

21 오른쪽 4cm를 박음질합니다.

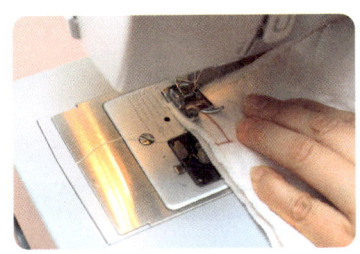

22 왼쪽 4cm도 박음질합니다.

콘솔 지퍼 달기

23 콘솔 지퍼를 벌려서 다림질합니다.

TIP **콘솔 지퍼는 꼭 다려서 사용!**
콘솔 지퍼는 뒤쪽으로 말려있기 때문에 다림질로 펴줘야 합니다.

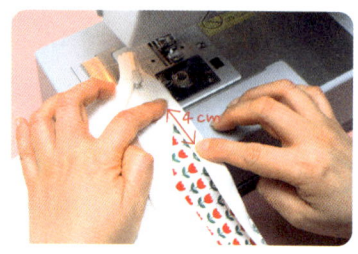

24 앞판에 콘솔 지퍼를 대고 ⑲번에서 박음질한 4cm의 뒤쪽부터 박음질합니다.

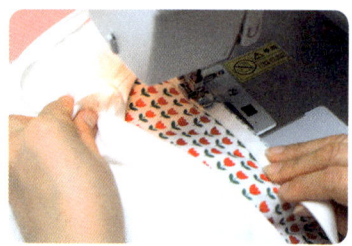

25 외노루발을 지퍼에 가깝게 붙여서 박음질합니다.

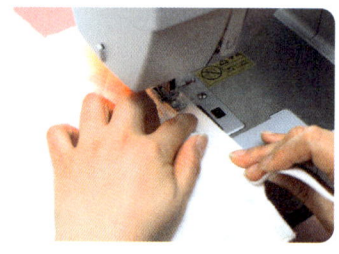

26 지퍼 끝부분도 4cm 박아준 곳(⑲~㉒번)까지만 박음질합니다.

27 앞판 지퍼를 박음질한 부분과 뒤판 지퍼의 박음질할 부분을 잘 맞추어 줍니다.

28 뒤판 쪽도 4cm 박음질한 곳부터 박음질합니다.

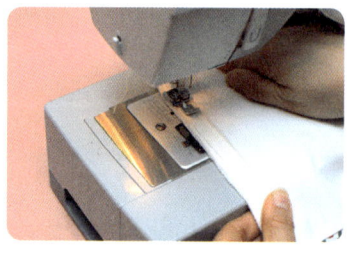

29 뒤판 역시 지퍼를 바짝 대고 박음질합니다.

30 지퍼를 반 정도만 닫아줍니다(모두 닫으면 콘실 지퍼가 나중에 열리지 않으므로 주의).

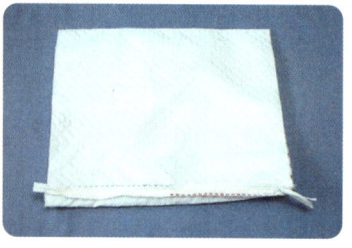

31 지퍼를 닫고 앞판과 뒤판을 잘 정리합니다.

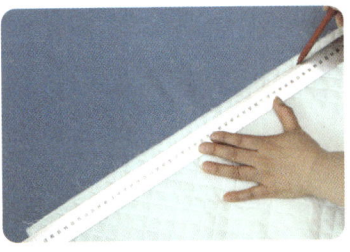

32 뒤판에 사각형 전체 시접 1cm를 그려줍니다.

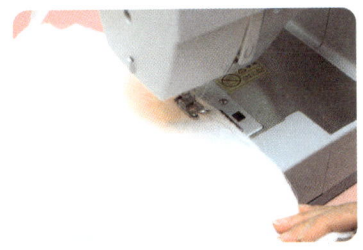

33 그린 선을 박음질합니다.

34 사각형 전체를 돌려가며 박음질합니다.

35 전체를 박음질하여 오버로크 처리합니다.

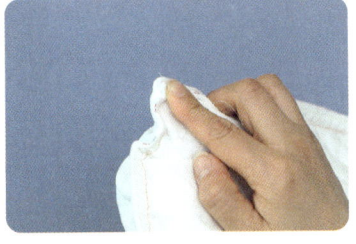

36 몸판을 뒤집기 전에 지퍼쪽으로 왼손을 넣어 모서리 부분을 잡은 후 끝을 양쪽으로 접어줍니다.

37 네 군데 모서리를 모두 접어줍니다.

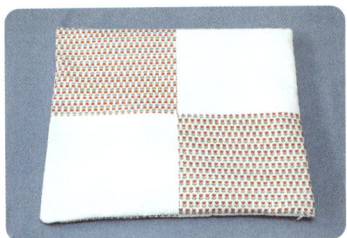

38 접은 모서리 부분이 펴지지 않게 잡고 뒤집어줍니다. 그리고 다음은 사이즈(45cm×45cm)에 맞는 쿠션솜을 넣어줍니다.

다른 원단! 또 다른 느낌!

39 차분한 분위기를 살려주는 사각패치쿠션이 완성되었습니다.

PART 03

심플하고 모던한 주방과 욕실 꾸미기

아름다운 주방은 주부의 로망, 깨끗한 욕실은 가족 모두의 건강입니다. 주방에서 자주 사용하는 주방장갑과 앞치마를 비슷한 패치 원단을 이용하여 만들어주면 정돈된 느낌을 줍니다. 보다 산뜻하고 예쁜 원단을 사용하여 주방과 욕실을 꾸며보세요.

15

우리 집에서 가장 깨끗한 곳

욕실용 패치수건

15 욕실용 패치수건

예상 재료비 | 약 6,000원
난이도 | ● ○ ○ ○ ○ **완성 크기** | 40cm×80cm

▶▶ 재료

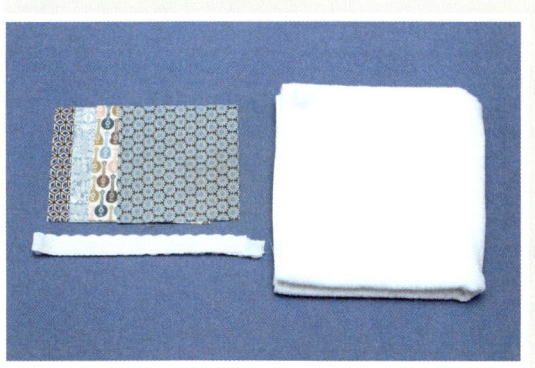

1 무늬 원단 4장
2 수건
3 면 레이스 40cm 2개

▶▶ 재단하기

❶ 겉감 무늬 원단 12cm×12cm 시접 포함 4장
❷ 수건 40cm×80cm 1장

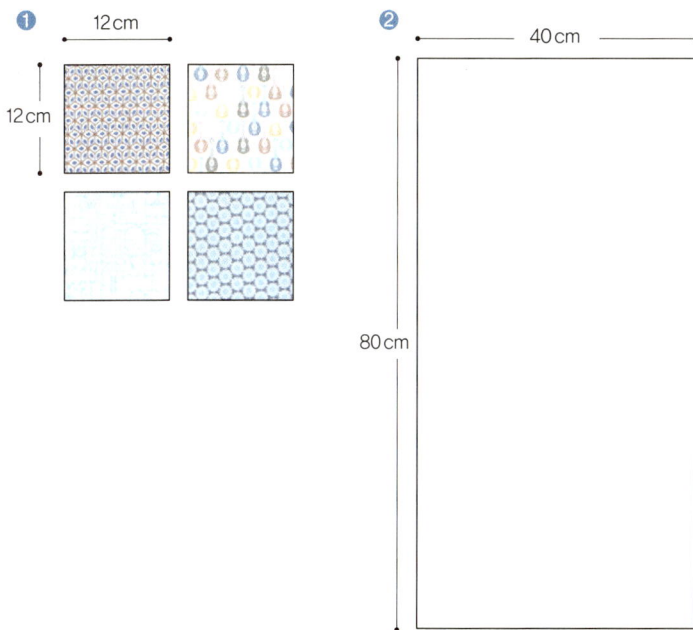

❶
12cm
12cm

❷
40cm
80cm

겉감 연결하기 ▲▲▲

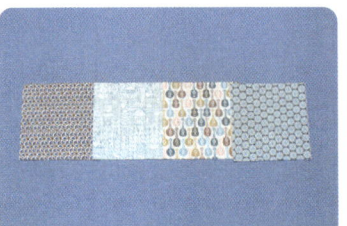

01 ①번 4장의 겉감 무늬 원단(12cm ×12cm)을 준비합니다.

02 첫 번째 원단과 두 번째 원단을 겉과 겉이 마주보게 하여 1cm 시접으로 박음질합니다.

03 2번 과정에서 연결한 원단에 세 번째 원단을 박음질합니다.

04 3번 과정에서 연결한 원단에 네 번째 원단을 박음질합니다.

05 4장을 모두 박음질한 후 시접을 한쪽 방향으로 다려줍니다.

수건과 연결하기 ▲▲▲

06 준비한 수건의 한쪽 끝에 연결한 무늬 원단을 박음질할 수 있도록 위치를 잡아줍니다.

07 수건의 위치를 잡아준 곳의 아래쪽부터 박음질합니다.

08 양옆을 박음질할 때는 시접 1cm를 접어서 수건 폭에 맞게 박음질합니다.

09 무늬 원단의 위쪽도 박음질합니다.

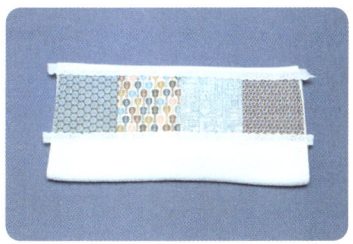

10 무늬 원단 바깥쪽과 안쪽 끝에 레이스 달 위치를 잡아줍니다.

11 바깥쪽 레이스를 먼저 박음질합니다. 레이스의 처음과 끝은 안쪽으로 접어서 박음질합니다.

12 레이스는 두 번 박음질합니다(한쪽 부분이 들뜨는 것을 방지하기 위해 두 번 박음질).

13 반대쪽 레이스도 같은 방법으로 박음질합니다.

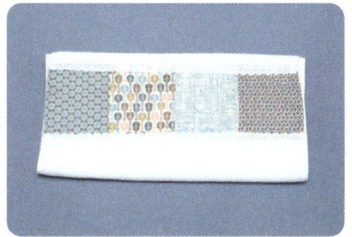

14 욕실 분위기를 살려주는 욕실용 패치수건이 완성되었습니다.

김이 모락모락

전기밥솥덮개

16 전기밥솥덮개

예상 재료비 | 약 10,000원

난이도 | ● ● ○ ○ ○   **완성 크기** | 35cm×40cm

▶ 재료

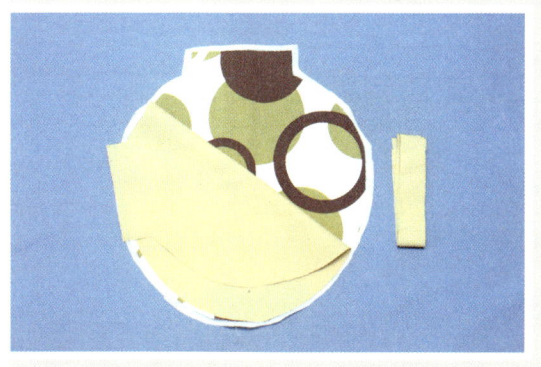

1 옥스퍼드 무늬 원단(앞판)
2 옥스퍼드 무지 원단(뒤판, 바이어스, 위 작은 원형)
3 2온스 접착솜(속지)

★ 전기밥솥은 뚜껑과 배출구가 분리되어 있는 밥솥을 기준으로 만들었습니다.

▶ 재단하기

❶ 겉감 앞판 옥스퍼드 무늬 원단 36.5m×42.3cm 시접 별도 1장, 실물본 3-16-1
❷ 속지 접착솜 1장(실물본 대고 1cm 여유 있게 재단), 실물본 3-16-1
❸ 뒤판 옥스퍼드 무지 원단 1장, 실물본 3-16-1
❹ 위 작은 원형 옥스퍼드 무지 원단 지름 4.3cm 1장, 실물본 3-16-2
❺ 바이어스 130cm×3.5cm(미리 연결 해놓기)

★ 실물본 3-16. 김이 모락모락 전기밥솥덮개

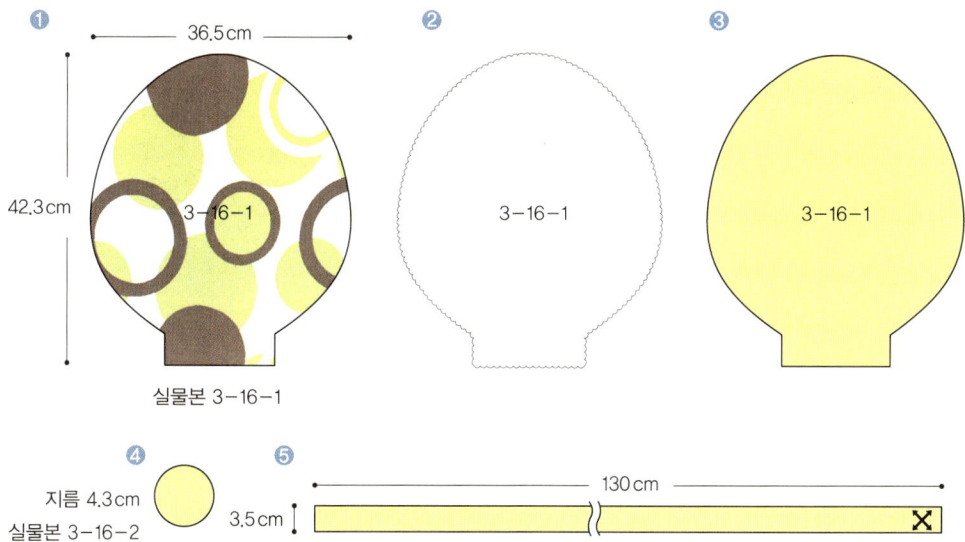

앞판 만들기 ▲▲▲

01 겉감 앞판 옥스퍼드 무늬 원단 ① 번을 ②번 속지 접착솜 위에 올려 줍니다. ①번 원단에는 실물본을 따라 안쪽에 원을 위 아래로 그려줍니다.

02 접착솜을 붙이기 위해 다리미로 다려줍니다.

03 옥스퍼드 무늬 원단 둘레를 0.2cm로 박음질합니다.

04 남는 솜은 가위로 잘라줍니다.

뒤판 구멍 만들기 ▲▲▲

05 완성한 앞판에 뒤판 ③번을 놓고 준비합니다. ③번 원단에도 실물본과 동일하게 안쪽에 원을 위 아래로 그려줍니다.

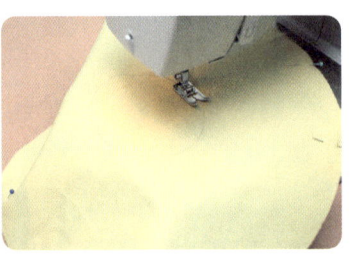

06 시침핀을 꽂아 고정해준 후 하단 큰 원형을 먼저 박음질합니다.

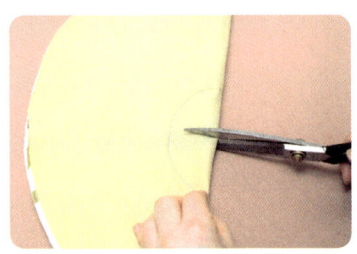

07 박음질한 후 가위를 이용해 열십자로 먼저 잘라줍니다.

08 동그란 원형은 시접 0.5cm를 남기고 잘라낸 다음, 구멍으로 원단을 뒤로 넘기고 잘 펴지게 다려줍니다 (70쪽 ④번 참고).

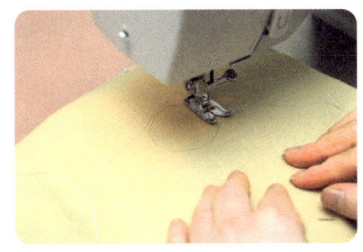

09 뒤판 전체를 시침핀으로 고정한 후, 작은 원형부터 박음질합니다.

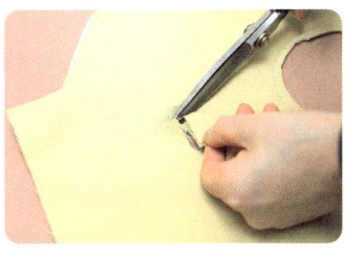

10 작은 원형을 시접 0.5cm를 남기고 가위로 잘라줍니다.

11 작은 원형 ④번도 둥그렇게 0.7cm 로 다려줍니다.

12 원 안에 작은 원형도 시접 0.7cm 를 남기고 가위로 잘라줍니다.

13 앞판의 작은 구멍에 맞춰 시침핀으로 고정합니다.

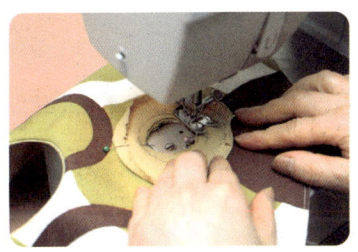

14 원형의 시접선을 따라 박음질합니다.

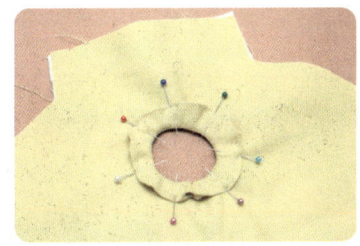

15 박음질한 원형의 시접을 안쪽 원단 방향으로 뒤집어서 다려준 다음 시침핀으로 고정합니다.

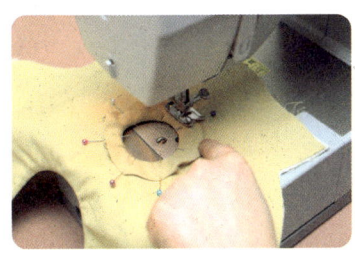

16 작은 원형 둘레를 0.2cm로 박음질 합니다.

17 전체 가장자리를 박음질합니다.

바이어스 싸주어 완성하기

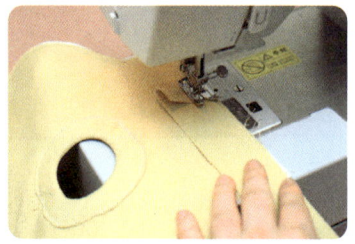

18 뒤판 쪽 위에서 미리 연결한 바이어스 ⑤번을 시작 부분에서 2cm 접어서 박음질합니다.

19 모서리는 삼각형으로 접어서 직각 바이어스로 싸줍니다(바이어스 싸기 35쪽 참고).

◀ 바이어스 싸기 동영상

20 겉으로 돌려 바이어스를 송곳으로 눌러가며 싸줍니다.

21 전기밥솥 덮개가 완성되었습니다.

다른 원단! 또 다른 느낌!

프릴형 전기밥솥덮개

앞에서 만든 조금 단순한 밥통의 모양보다 조금 여성스러운 모양으로 만들고 싶다
면 프릴을 달아 분위기를 바꿔보세요.

재단은 전기밥솥덮개와 동일합니다. 면 레이스는 3cm×325cm 길이로 준비하여 주름을 잡고, 바이
어스 대신 프릴을 달아주면 앙증맞은 밥통 커버가 완성됩니다. 나머지는 전기밥솥덮개와 동일하게
만들어주세요.

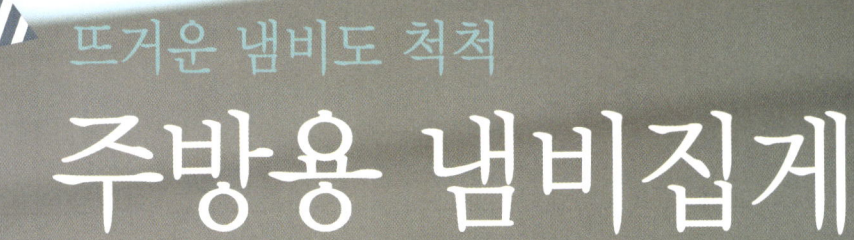

17

뜨거운 냄비도 척척

주방용 냄비집게

17 주방용 냄비집게

예상 재료비 | 약 18,000원(한 쌍)
난이도 | ●●○○○   완성 크기 | 13cm×16cm
▶ 동영상 | 3-17. 주방용 냄비집게

▶▶ 재료

1 30수 커트 원단
　(빨강, 노랑, 파랑)
2 광목 누비 원단(안감)

▶▶ 재단하기

① 겉감 파란색 15cm×11.5cm 시접 별도 위 1장, 아래 1장, 실물본 3-17-1
② 겉감 빨강색 15cm×11.5cm 시접 별도 위 1장, 아래 1장, 실물본 3-17-2
③ 겉감 노란색 15cm×20cm 시접 별도 2장, 실물본 3-17-3
④ 안감 누비 각 2장씩(실물본 ①~③)
⑤ 고리 감 노란색 10cm×3.5cm 2장
⑥ 바이어스 80cm×3.5cm

★ 실물본 3-17. 뜨거운 냄비도 척척 주방용 냄비집게

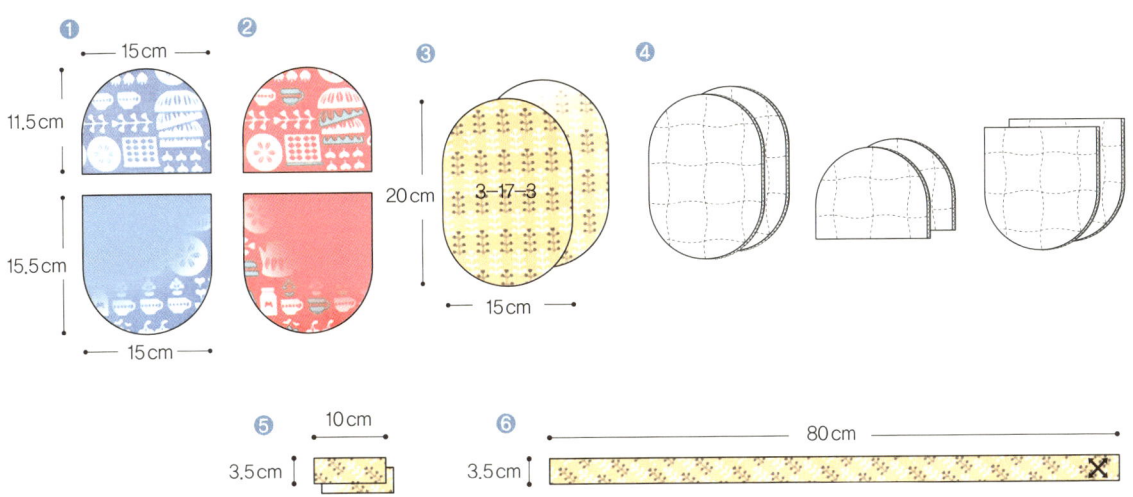

몸판 만들기 ▲▲▲

01 겉감 ①~③번을 ④번 안감에 맞추어서 올려 준비합니다.

02 파랑 원단 ①번(실물본 1) 둘레를 0.2cm 간격으로 박음질합니다(실물본 2도 같은 방법).

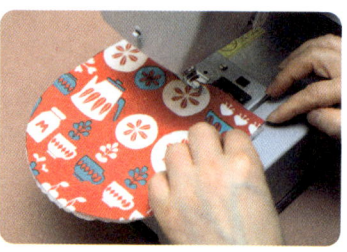

03 빨강 원단 ②번(실물본 2) 둘레를 0.2cm 간격으로 박음질합니다(실물본 1도 같은 방법).

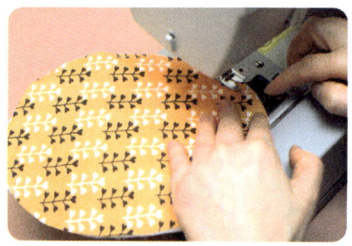

04 노랑 원단 ③번(실물본 3) 2장도 둘레 0.2cm로 박음질합니다.

05 파랑 원단 ①번(실물본 1)은 오버로크 합니다(실물본 2도 같은 방법).

06 빨강 원단 ②번(실물본 2)도 오버로크 합니다(실물본 1도 같은 방법).

07 노랑 원단 ③번(실물본 3) 2장도 오버로크 합니다.

고리 만들기 ▲▲▲

08 노란색 고리 감(10cm×3.5cm) ⑤번을 준비합니다.

09 양쪽으로 0.5cm씩 접어 다림질하여 다려줍니다.

10 반으로 접어서 다시 한 번 다려줍니다.

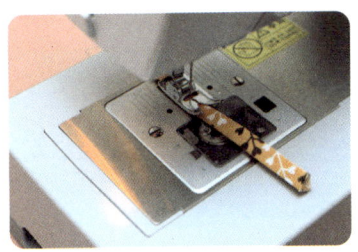

11 고리의 접힌 부분을 0.2cm로 박음
질합니다.

12 8~11번 과정까지 동일하게 진행하
여 2장을 만듭니다.

13 실물본 ①번을 이용하여 파랑 원
단의 상단 오른쪽 2cm를 표시합
니다.

14 빨강, 파랑 원단에 고리를 사선으
로 시침질하여 고정합니다.

15 고리 끝 부분을 0.3cm로 박음질합
니다.

16 박음질한 고리 감의 남는 원단은
가위로 잘라줍니다.

바이어스 싸기

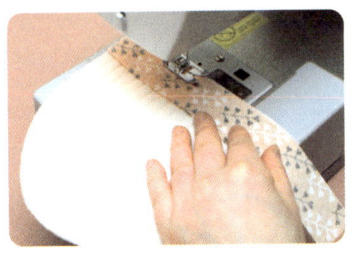

17 파랑, 빨강 4장, 직선 부분 뒤쪽부
터 바이어스를 싸줍니다.

18 앞쪽으로 바이어스를 돌려 두 번 접
어 바이어스를 싸줍니다.

19 파랑, 빨강 원단(실물본 1, 2) 4장
모두를 바이어스로 싸줍니다.

몸판(실물본 1~3번) 연결하기 ▲▲▲ ----

20 노랑 원단(실물본 3)에 실물본 2를 겉끼리 시침핀으로 고정시킵니다.

21 다음 그 밑에 실물본 1을 겉끼리 시침핀으로 고정합니다.

22 모두 시침핀으로 고정해줍니다.

23 하단부터 가장자리를 0.7cm로 박음질합니다.

24 실물본1 쪽으로 돌린 후 가장자리를 상단 0.7cm로 박음질합니다.

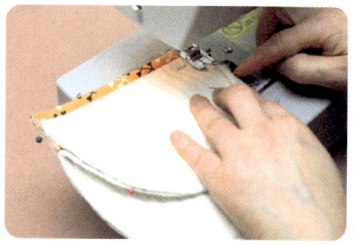

25 남은 옆선의 3.5cm 부분은 오른쪽부터 0.7cm로 박음질합니다.

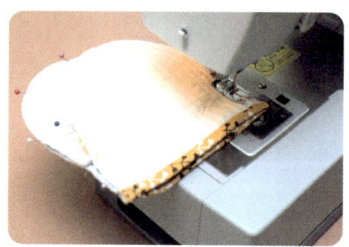

26 왼쪽도 0.7cm로 박음질합니다.

27 박음질이 마무리되면 바이어스 부분을 바깥쪽으로 뒤집어줍니다.

28 장갑 한 개가 완성되었습니다.

29 나머지 한 쪽을 더 만들어 한 쌍을 완성합니다.

어플리케이션
Application

깔끔한 공주풍 집게장갑

레이스를 손목 쪽에 달아서 조금 귀엽고 앙증맞은 집게장갑을 만들어보세요.

면 레이스 폭 2.5cm×180cm로 주름을 잡아 실물본(집게 장갑과 동일) ①, ②번 위에 레이스를 2단으로 만든 후 바이어스를 싸줍니다. 실물본 ① 오른쪽 위에서 2cm 내려온 선에 고리감을 사선으로 놓고 박음질합니다. 전체 본문에 ⑳~㉙번까지 과정을 참고해서 완성해보세요.

심플 스타일 키친웨어

오븐장갑

18 오븐장갑

예상 재료비 | 약 26,000원(한 쌍)
난이도 | ● ● ○ ○ ○   **완성 크기** | 14cm×18cm

▶ 재료

1. 옥스퍼드 무늬 원단(겉감 ❶~❷)
2. 면 리넨 누비 원단 안감 ❺~❼)
3. 옥스퍼드 무지 원단(❸, ❽)
4. 패딩솜

※ 도톰한 원단에는 15호 바늘 사용

▶▶ 재단하기

❶ 겉감 앞판 16cm×29 cm 시접 별도 2장, 실물본 3-18-1
❷ 겉감 뒤판 16cm×24.5 cm 시접 별도 2장, 실물본 3-18-2
❸ 겉감 가운데판 16cm×22.5 cm 시접 별도 2장, 실물본 3-18-3
❹ 패딩솜 ①~③번 실물본을 대고 겉감보다 1cm 여유 있게 재단
❺ 안감 앞판 2장, 실물본 3-18-1
❻ 안감 뒤판 2장, 실물본 3-18-2
❼ 안감 가운데판 2장, 실물본 3-18-3
❽ 바이어스 70cm×3.5cm 1장.
❾ 고리 15cm×3.5cm 2장

★ 실물본 3-18. 심플 스타일 키친웨어 오븐장갑

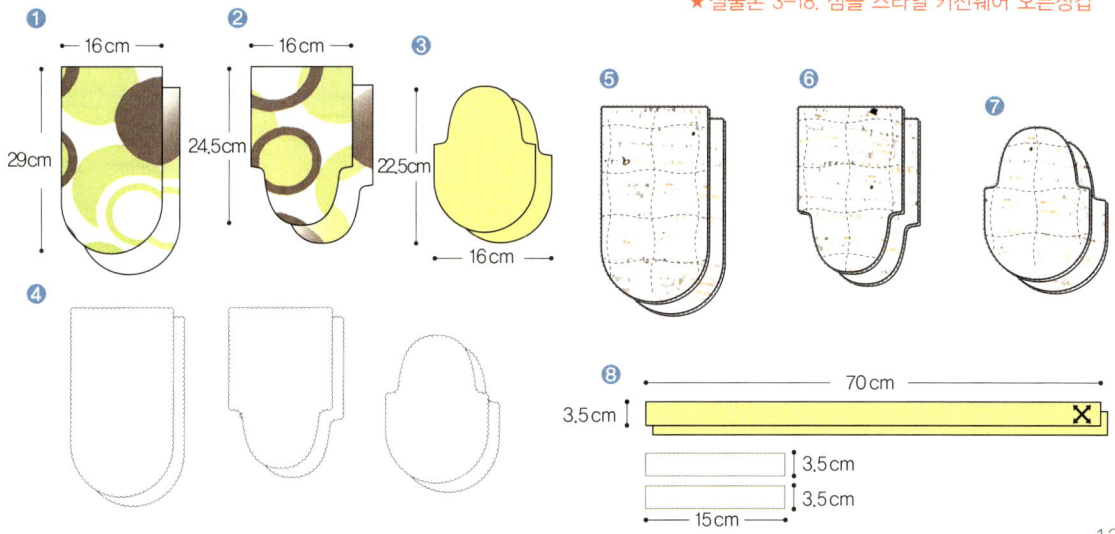

겉감, 안감 만들기 ▲▲▲ ----------

01 겉감 ①~③번을 ④번 패딩솜 위에 올려 준비합니다.

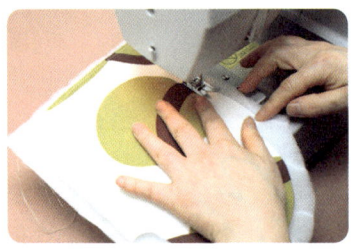

02 ①, ②번 겉감을 전체 0.2cm로 박음질합니다.

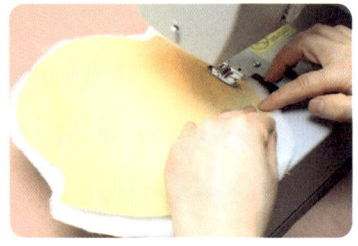

03 ③번 겉감도 0.2cm로 박음질합니다.

05 박음질이 마무리된 겉감 가운데판을 오버로크 합니다.

04 겉감 앞, 뒤판 역시 오버로크 합니다.

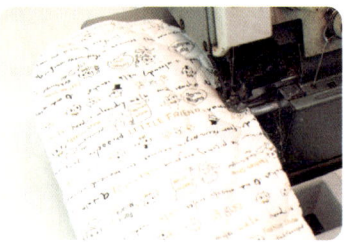

06 안감 ⑤~⑦번도 모두 오버로크 합니다.

고리 만들기 ▲▲▲ ----------

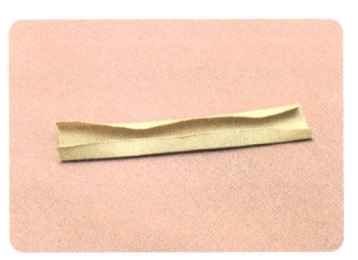

07 옥스퍼드 무지 원단 바이어스를 양쪽을 0.5cm로 접어 다려줍니다.

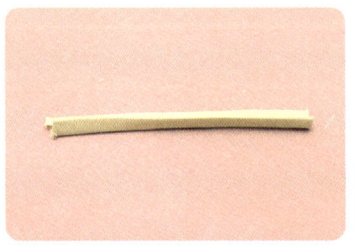

08 양쪽 두 번 접은 상태에서 다시 절반으로 접어 다려줍니다. 세로로 4등분한다고 생각하면 됩니다.

09 끝을 0.2cm로 박음질합니다. 같은 방법으로 2개를 만듭니다.

10 겉감 ①번 왼쪽에 고리를 2cm 지점에 사선으로 놓습니다.

11 고리의 끝부분만 0.5cm로 박음질합니다.

12 끝부분에 남은 고리감은 잘라줍니다.

13 겉감 ①번 겉에 겉감 ②번 겉을 놓고 준비합니다.

14 겉감 ②번에 겉감 ③번을 맞추어 시침핀으로 고정합니다.

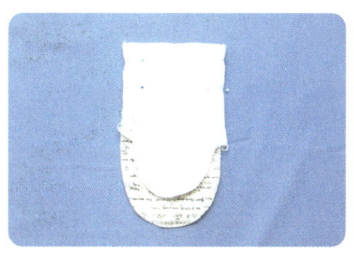

15 안감 ⑤번 겉에 안감 ⑥번 겉을 놓고 시침핀으로 고정합니다.

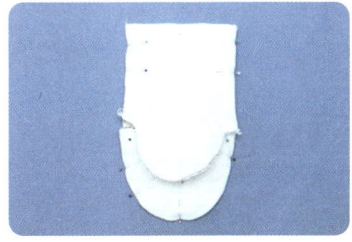

16 안감 ⑥번에 안감 ⑦번을 맞추어 시침핀으로 고정합니다.

17 하단 모양대로 0.7cm로 박음질합니다.

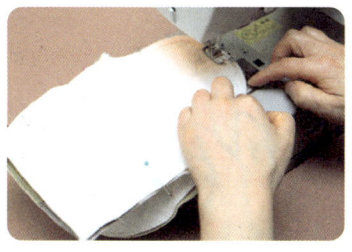

18 모양대로 박음질하는 모습입니다.

19 상단을 제외하고 동그랗게 0.7cm로 박음질합니다.

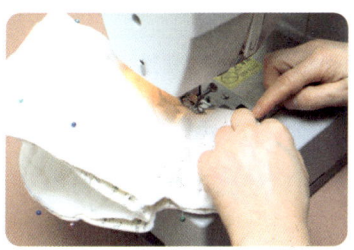

20 안감도 하단을 모양대로 박음질합니다.

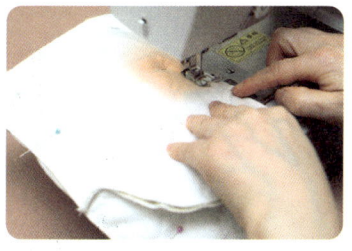

21 같은 방법으로 동그랗게 상단은 제외하고 박음질합니다.

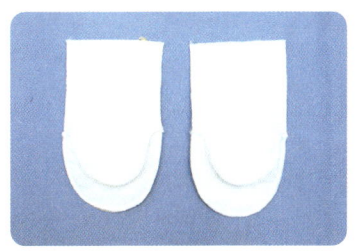

22 2개를 동일하게 박음질합니다.

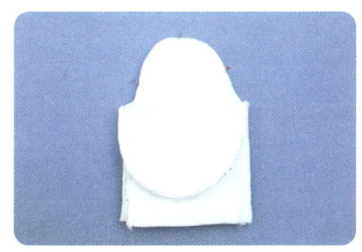

23 박음질한 가운데 부분의 모습입니다.

겉감, 안감 연결하여 완성하기 ▲▲▲ ------------------------------

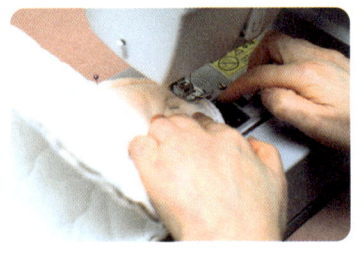

24 겉감, 안감 하단의 모양대로 시접선을 따라 박음질합니다.

25 겉감, 안감 가운데 모양대로 박음질한 모습입니다.

26 하단 가운데판도 박음질합니다.

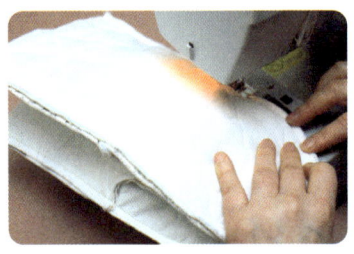

27 겉감, 안감을 상단을 5cm 제외하고 손이 들어갈 부분을 제외하고 박음질합니다.

28 손이 들어갈 부분으로 뒤집어줍니다.

29 뒤집은 모습입니다.

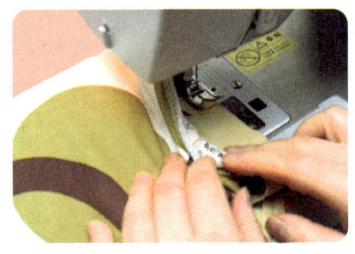

30 안쪽에서 바이어스를 시작합니다.

31 둘러가면서 박음질합니다.

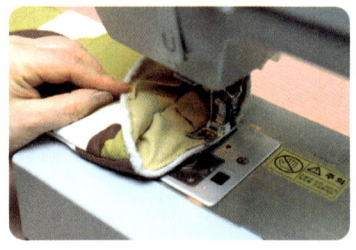

32 바이어스를 접은 끝선까지 박음질합니다.

33 바이어스를 겉으로 돌려서 두 번 접어 싸주면서 박음질합니다.

34 같은 방법으로 오븐장갑 한 쌍을 완성합니다.

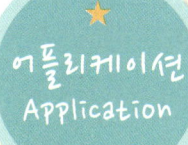
오븐덮개

무지 원단에 솜과 안감을 대고 전체를 0.3cm로 박음질합니다. 4군데를 5cm로 굴려서 잘라줍니다. 무지 원단 19cm×25cm 2장과 무늬 원단 19cm×25cm 2장을 겉과 겉끼리 놓고 창구멍을 10cm 남긴 후 전체 박음질합니다. 박음질한 후 뒤집어서 양쪽 끝에 4cm를 시침핀하고 창구멍을 막으면서 주머니 위를 제외하고 박음질합니다. 가운데 30cm×25cm 1장 원단을 접어 다려서 네 면을 끝박음질 하고 전체를 바이어스로 마무리합니다.

> 2온스 접착솜 | 104cm×41cm 1장
> 옥스퍼드 무지 원단 | 102cm×39cm 2장, 19cm×25cm 2장 주머니
> 옥스퍼드 무늬 원단 | 19cm×25cm 2장 주머니, 30cm×25cm 1장 가운데
> 바이어스 | 285cm×3cm 1장

오븐 손잡이 커버 만들기

무늬 원단과 무지 원단을 대고 전체를 0.3cm로 박음질합니다. 바이어스로 마무리한 후 벨크로를 거친 쪽은 무늬 원단에 부드러운 쪽은 무지 원단 쪽에 박음질합니다.

> 무늬 원단 | 13cm×30cm 1장
> 무지 원단 | 13cm×30cm 1장
> 바이어스 | 90cm×3.5cm 1장
> 벨크로 | 15cm×2cm 한 쌍

19

실용성과 편리함을 갖춘 스커트형

허리앞치마

19 허리앞치마

예상 재료비 | 약 15,000원
난이도 | ●●●○○　**완성 크기** | 50cm×40cm

▶▶ 재료

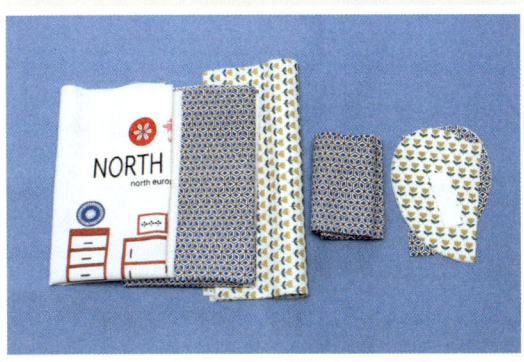

1 20수 커트 원단(앞판감)
2 20수 튤립 원단(옆판감, 주머니감)
3 20수 스퀘어 원단(뒤판감, 허리끈감, 주머니감)
4 라벨

▶▶ 재단하기

❶ 주머니감(스퀘어 원단) 20cm×16.5cm 시접 별도 2장, 실물본 3-19-1
❷ 주머니감(튤립 원단) 20cm×16.5cm 시접 별도 2장, 실물본 3-19-1
❸ 앞판(커트 원단) 52cm×42cm 1장
❹ 옆판(튤립 원단) 25.5cm×42cm 2장
❺ 안감(스퀘어 원단) 110cm×42cm 1장
❻ 허리 끈감(스퀘어 원단) 110cm×10cm 2장(직선으로 연결해놓기)

★ 실물본 3-19. 실용성과 편리함을 갖춘 스커트형 허리앞치마

❶ ← 20cm →
16.5cm
실물본 3-19-1

❷
실물본 3-19-1

❹ ← 25.5cm →
42cm

❸ ← 52cm →
42cm
NORTH EUROPE

❺ ← 110cm →
42cm

❻ ← 110cm →
10cm

주머니 만들기 ▲▲▲

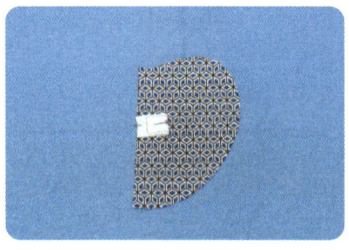

01 ①번 주머니감 한 장에 라벨을 반으로 접어 시침핀으로 고정합니다.

02 라벨을 0.5cm로 박음질합니다.

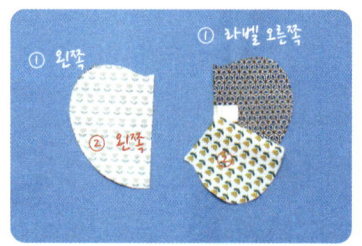

03 라벨을 단 오른쪽 ①번 주머니감 겉에 ②번 주머니감을 겉끼리 놓습니다. 라벨이 없는 왼쪽도 ①번 주머니감 겉과 ②번 주머니감을 겉끼리 놓습니다.

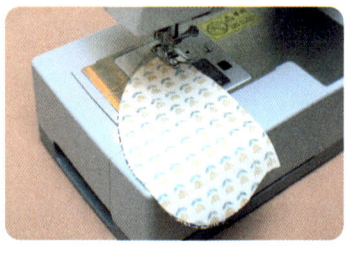

04 주머니 감(왼쪽, 오른쪽) 2장을 직선 방향만 각각 0.7cm로 박음질합니다.

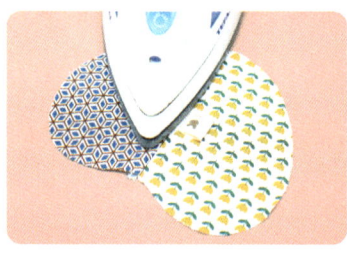

05 라벨이 있는 쪽과 없는 쪽의 시접을 한 방향(외솔)으로 다려줍니다.

06 시접을 한 방향으로 주머니 2장을 다려준 모습입니다.

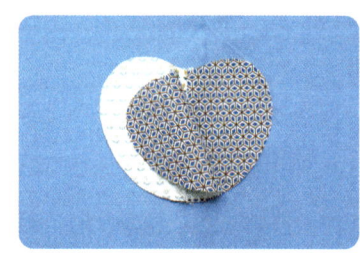

07 주머니감 왼쪽과 오른쪽을 겉과 겉끼리 놓고 준비합니다.

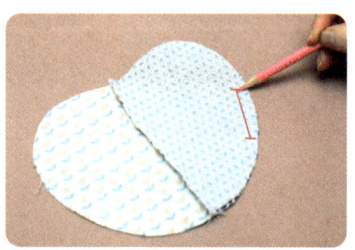

08 오른쪽에 창구멍을 5cm 정도 표시합니다.

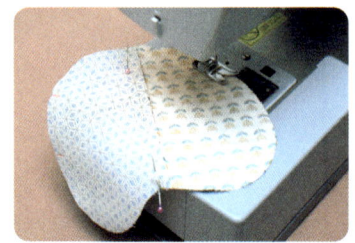

09 주머니 둘레에 창구멍을 남기고 전체를 0.7cm로 박음질합니다.

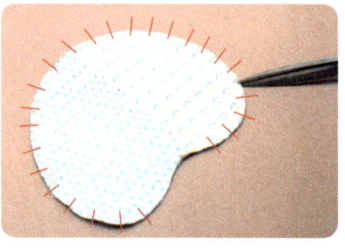

10 둥그런 모양이 잘 나오게 하기 위해 곡선 부분은 가위집을 줍니다.

11 창구멍으로 뒤집어서 주머니 앞, 뒤를 다려줍니다.

앞판, 뒤판 만들기 ▲▲▲ --------------------------------

12 앞판 ③번에 옆판 ④번을 겉끼리 양옆에 놓고 준비하고 0.7cm로 박음질합니다.

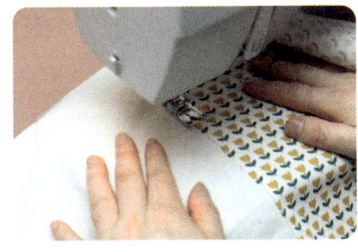

13 뒤쪽 시접은 안쪽으로 놓고 겉감 튤립 원단에서 0.3cm로 눌러 박음질합니다.

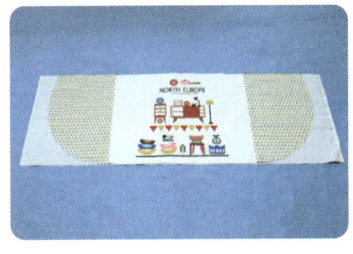

14 안감 ⑤번 안쪽에 완성한 앞판을 놓고 준비합니다.

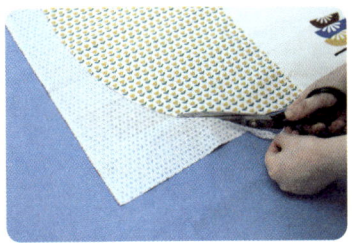

15 그대로 앞판에 맞추어 가위로 잘라줍니다.

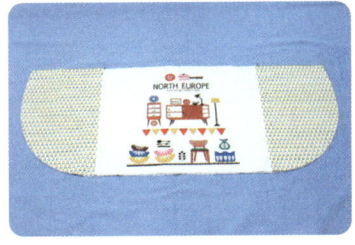

16 앞판에 맞게 잘라준 모습입니다.

17 앞판 ③번 원단 위에 주름 12개를 균일하게 0.5cm씩 안으로 접어 넣고 시침질합니다.

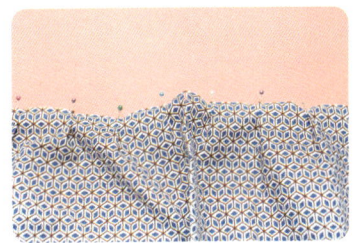

18 안감 ⑤번도 앞판과 같은 방법으로 시침핀으로 고정합니다.

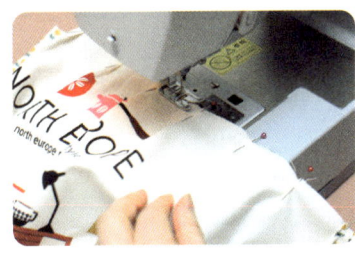

19 앞판 주름을 0.5cm로 박음질합니다.

20 뒤판도 앞판과 같은 방법으로 박음질합니다.

21 주름을 다림질하여 다려줍니다.

앞판, 뒤판 연결하기 ▲▲▲

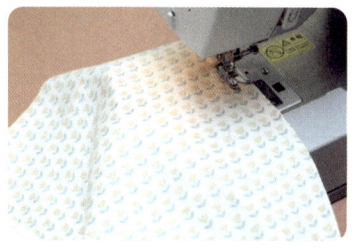

22 앞판 겉과 뒤판 겉을 대고 위를 제외하고 라운드 부분만 0.7cm로 박음질합니다.

23 위로 뒤집어서 다려줍니다.

24 동그란 부분부터 0.3cm로 눌러 박음질합니다.

25 위쪽도 눌러 박음질 해줍니다.

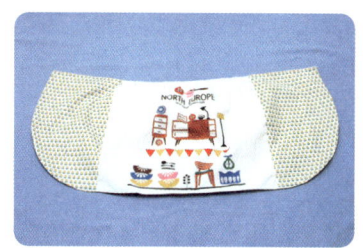

26 앞, 뒤판을 연결한 모습입니다.

허리끈 만들기 ▲▲▲

27 ⑥번 허리끈의 양끝을 0.7cm로 접어서 다려줍니다.

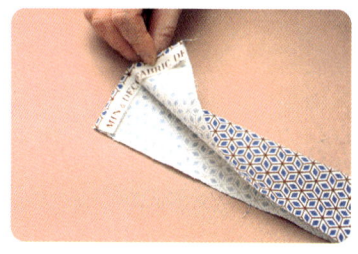

28 허리끈 전체를 반으로 접어줍니다.

29 접어준 선을 따라 다리미로 다려줍니다.

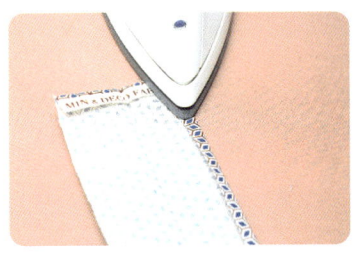

30 다시 펼쳐서 오른쪽 부분을 1cm로 접어서 다려줍니다.

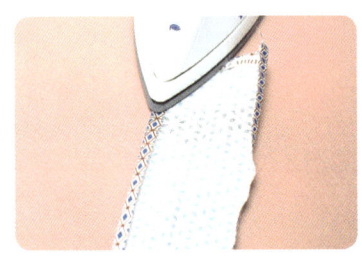

31 왼쪽도 1cm를 접어서 다려줍니다.

32 다시 반으로 접어 다려줍니다.

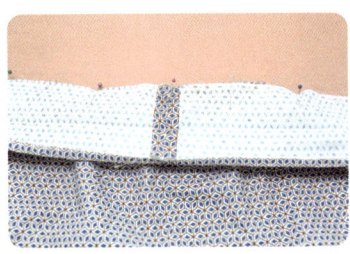

33 몸판을 뒤집어 뒤판 중앙에 허리끈 중앙을 맞추고 시침핀으로 고정합니다.

34 오른쪽 1cm로 접어 다림질한 선을 따라 박음질합니다.

35 허리끈을 앞판 쪽으로 접어서 왼쪽 1cm를 접은 후 덮어서 0.3cm로 박음질합니다.

36 허리끈 박음질이 완성된 앞판 왼쪽에 주머니를 약간 사선으로 놓고 시침핀으로 고정합니다.

37 주머니 위 12cm를 제외하고 0.2cm로 가장자리를 박음질합니다.

38 허리 앞치마가 완성되었습니다.

20

주방에서 더욱 빛나는

미니 에이프런

20 미니 에이프런

예상 재료비 | 약 15,000원
난이도 | ● ○ ○ ○ ○   **완성 크기** | 66cm×63cm

▶▶ **재료**

1 옥스퍼드 무늬 원단(몸판, 주머니)
2 옥스퍼드 무지 원단(끈)

▶▶ **재단하기**

❶ 몸판 74cm×76.5cm 시접 별도 1장(실물본)
❷ 주머니 38cm×24cm 2장
❸ 끈 280cm×8cm (사선 재단하기, 바이어스 재단하기 34쪽 참고)

★ 실물본 3-20. 주방에서 더욱 빛나는 미니 에이프런

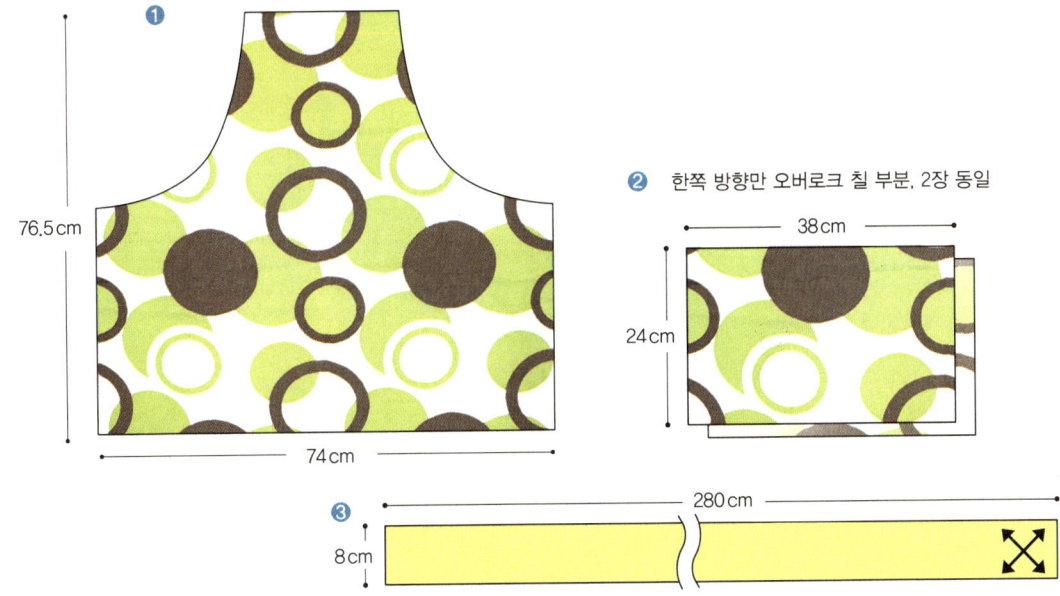

❶

76.5cm

74cm

❷ 한쪽 방향만 오버로크 칠 부분, 2장 동일

38cm

24cm

❸

280cm

8cm

오버로크 치기 ▲▲▲ --

01 실물본을 이용하여 ①번 몸판 1장을 재단합니다.

02 ①번 몸판과 ②번 주머니(38cm× 24cm) 옆선(한쪽 방향)만 각각 오버로크 합니다.

03 오버로크한 ②번 주머니 2장을 겉끼리 대고 준비합니다.

04 오버로크한 부분을 0.7cm로 박음질합니다.

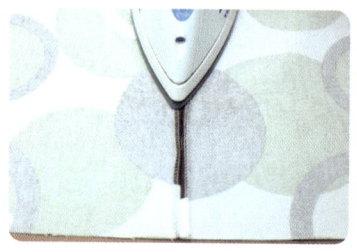

05 박음질한 시접을 가름솔(양쪽 시접을 편 상태)로 다려줍니다.

06 긴 축으로 펼친 후 위에서 3cm 부분을 표시합니다.

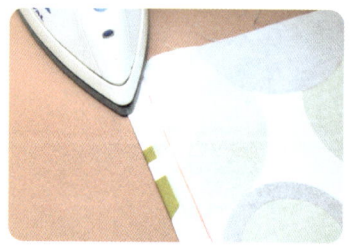

07 3cm 표시한 선에서 0.7cm를 접어서 다려줍니다.

08 3cm 표시한 선을 다시 안으로 접고 다리미로 다려줍니다.

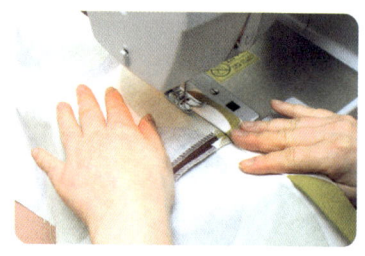

09 끝을 0.2cm로 박음질합니다.

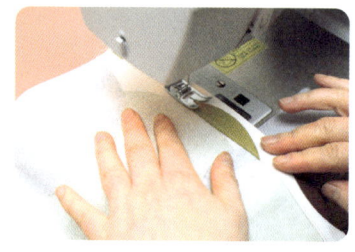

10 힘있게 고정하기 위해 박음질한 부분 위로 0.5cm 한 줄 더 박음질합니다.

11 몸판 안쪽에 주머니의 겉을 하단(접힌 부분이 위쪽 방향)에 맞추어 자리를 잡아줍니다.

12 하단 부분만 0.7cm로 박음질합니다. 양옆은 박음질하지 않습니다.

13 주머니를 몸판 쪽으로 넘기고 다려
줍니다.

14 주머니 옆선의 오른쪽을 먼저
0.2cm로 박음질합니다. 접힌 부분
은 박음질하지 않습니다.

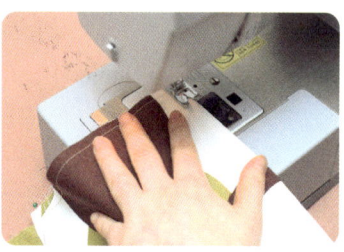

15 주머니 하단과 왼쪽 옆선을 이어서
0.2cm로 박음질합니다.

16 주머니(2곳) 중앙에서 좌, 우, 중앙
을 표시합니다.

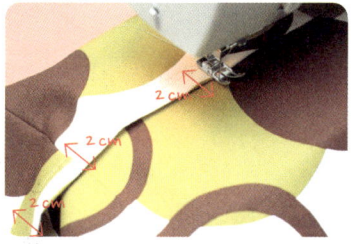

17 표시한 선을 위에서 2cm까지만 3
곳을 박음질합니다(중앙은 두 줄로
박음질합니다).

18 몸판의 위쪽에 자와 페브릭 펜으로
3cm를 표시합니다.

19 3cm 표시한 선을 안으로 접어 다
려줍니다.

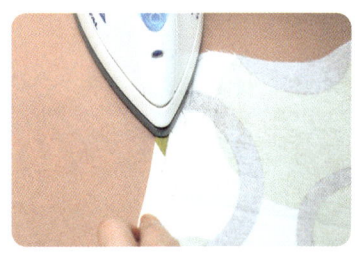

20 접은 선 끝을 다시 0.7cm로 접어
다려줍니다.

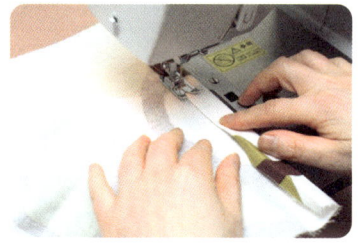

21 다려준 부분을 끝에서 0.2cm로 박
음질합니다.

끈 만들기 ▲▲▲ -------------------------------

22 연결해 놓은 ③번 끈의 끝부분을 0.7cm로 접어 다립니다.

23 오른쪽을 2cm로 접어 다려줍니다.

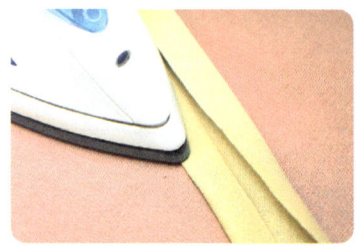

24 왼쪽도 동일하게 2cm로 접어 다려 줍니다.

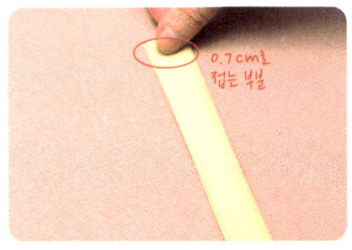

25 다시 반을 접어 다려줍니다. 끝부분 한쪽만 0.7cm로 접은 후 긴 부분은 4등분하여 접은 후 다시 절반으로 접습니다.

몸판에 끈 연결하기 ▲▲▲ -------------------------------

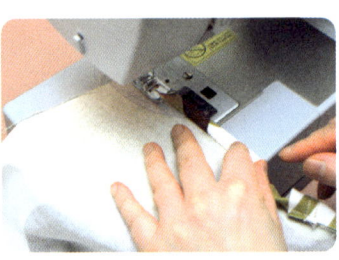

26 몸판 옆(주머니 단 허리 부분)을 1cm씩 두 번 접어 박음질합니다.

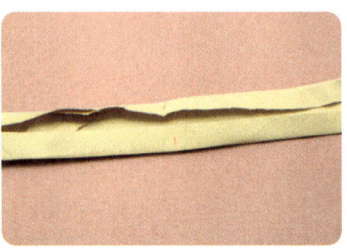

27 다려 놓은 끈을 준비합니다.

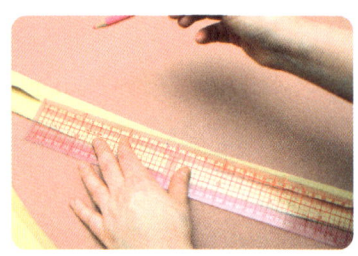

28 양쪽 끈의 길이를 맞추기 위해 연결하기 전에 끈의 목둘레 중앙 55cm를 표시합니다.

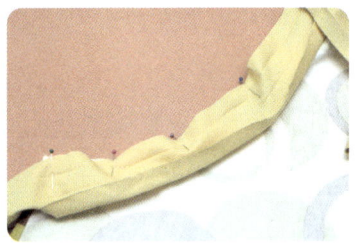

29 몸판 뒤에 목둘레를 빼고 겨드랑이 부분에 시침핀으로 고정합니다.

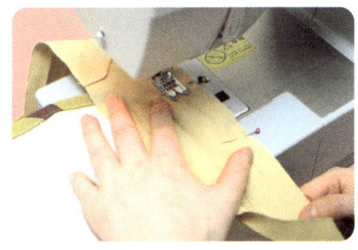

30 시침핀으로 고정한 좌, 우만 다림 선을 따라 박음질합니다.

31 다려 놓은 데로 끝을 접고, 오른쪽 과 왼쪽을 한 번씩 접어줍니다.

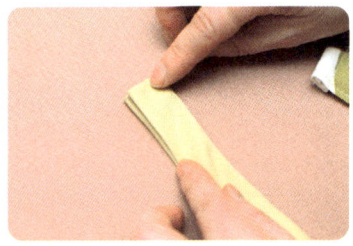

32 다시 반을 접습니다.

33 반으로 접은 끈을 끝부터 0.2cm로 박음질합니다.

34 꺾어서 다시 끈 끝을 0.2cm로 박음질합니다.

35 겨드랑이 부분도 접어서 끈 부분을 모두 박음질합니다.

36 미니 에이프런이 완성되었습니다.

다른 원단! 또 다른 느낌!

PART 04

아웃도어와
휴대용품
만들기

캠핑과 등산 등 최근 인기 있는 아웃도어 용품을 만들어보세요. 심플 스타일의 아기자기한 체크원단을 활용하여 휴대하기 편하고 실용성 있게 만든 소품들이 산뜻함을 더해줍니다. 어디서나 발랄하고 튀어 보이는 원단은 아웃도어와 휴대용품에 있어서 최고랍니다.

엄마의 센스,
심플한 도시락
보자기

21 심플한 도시락 보자기

예상 재료비 | 약 5,000원

난이도 | ● ○ ○ ○ ○   완성 크기 | 18cm×10cm

▶ 재료

1 무늬 원단
2 무지 원단

▶ 재단하기

❶ 겉감 34.4cm×83cm 시접 포함 1장, 실물본
❷ 안감 34.4cm×83cm 시접 포함 1장, 실물본

★ 실물본 4-21. 엄마의 센스, 심플한 도시락 보자기

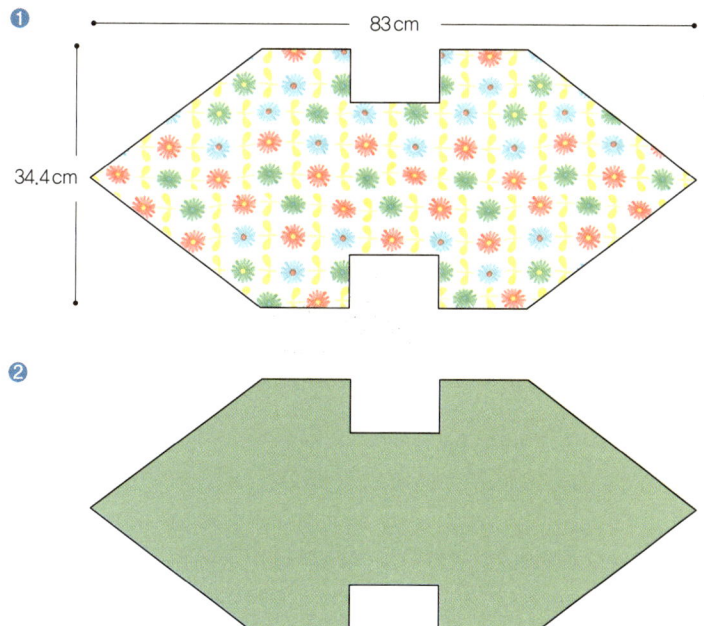

❶

83cm

34.4cm

❷

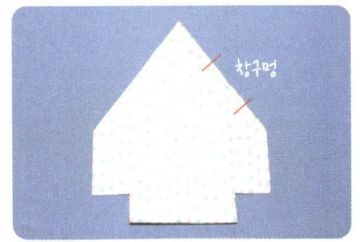

01 실물본을 이용하여 ①번 겉감을 재
단하고 절반을 접어줍니다.

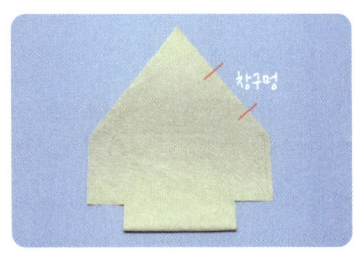

02 실물본을 이용하여 ②번 안감도 재
단하여 절반을 접어줍니다.

03 ②번 안감의 양옆을 0.7cm로 박음
질합니다. 한쪽은 창구멍을 남기고
박음질합니다.

04 밑각(왼쪽)도 박음질합니다.

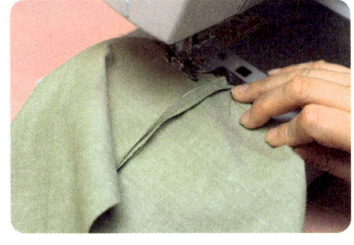

05 다른 한쪽(오른쪽) 각도 박음질합
니다.

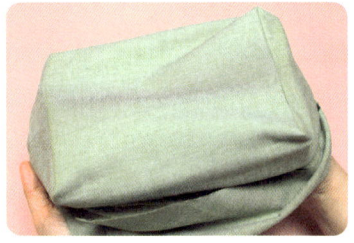

06 안감을 박음질하여 뒤집어 놓습
니다.

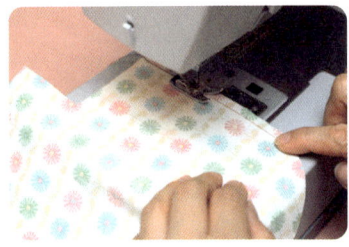

07 ①번 겉감도 양옆을 먼저 박고 밑
각을 박음질합니다.

08 겉감 속에 안감을 뒤집어 안으로
집어넣습니다.

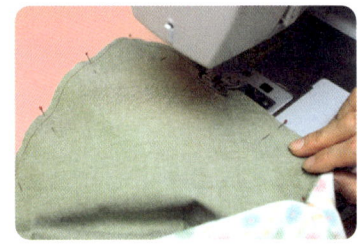

09 시침핀으로 삼각형 부분이 맞게 고
정하고, 삼각형 부분을 모두 박음
질합니다.

10 각진 부분에는 가윗밥을 주어 뒤
집었을 때 원단이 울지 않게 해줍
니다.

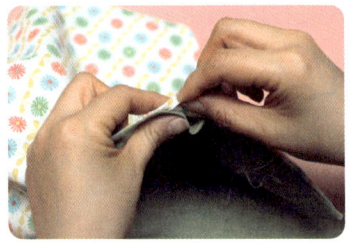

11 창구멍을 공그르기로 막아줍니다.

12 엄마의 센스가 담긴 심플한 도시락
보자기가 완성되었습니다.

도시락 주머니

줄을 넣어서 파우치와 닮은 도시락 주머니를 만들어보세요.

겉감 A와 B의 14cm 부분을 박음질합니다. (B, C), (C, D), (D, A)도 동일하게 박음질합니다.
안감도 겉과 안감의 겉이 마주보도록 넣고 창구멍 1.5cm를 띄운 후 윗부분 둥근쪽을 모두 박음질합
니다. 창구멍으로 뒤집어 끈 넣을 곳을 박음질한 후 끈을 넣어준 후 잡아당깁니다.

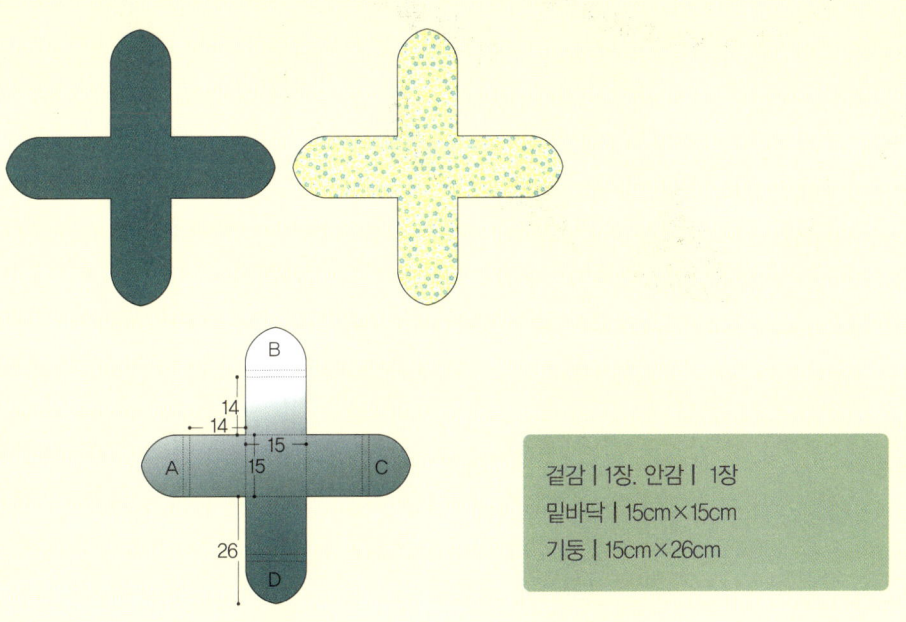

겉감 l 1장. 안감 l 1장
밑바닥 l 15cm×15cm
기둥 l 15cm×26cm

도시락이 쏘옥! 휴대용

도시락가방

22 도시락가방

예상 재료비 | 약 13,000원   난이도 | ● ● ● ● ●
완성 크기 | 20.5cm×13.5cm

▶▶ 재료

1 리넨 원단
2 리넨 무지
3 4온스 접착솜
4 지퍼 51cm
5 슬라이더 2개
6 가죽 라벨
7 파이핑 130cm
8 웨이빙끈 24cm×2.5폭
9 방수 원단

▶▶ 재단하기

❶ 겉감 위판 리넨 원단 51cm×4cm 1장
❷ 겉감 하단 리넨 원단 51cm×11.5cm 1장
❸ 겉감 바닥, 위 리넨 원단 22.5cm×15.5cm 시접 별도 2장, 실물본
❹ 겉감 뒤 리넨 원단 18cm×14cm 1장
❺ 방수 원단 하단 51cm×11.5cm 1장
❻ 방수 원단 위판 51cm×4cm 1장
❼ 방수 원단 뒤판 18cm×14cm 1장
❽ 방수 원단 바닥, 위 22.5cm×15.5cm 2장
❾ 바이어스 리넨 무지 128cm×3.5cm 5장(미리 연결)
❿ 안감 바이어스용 방수 원단 220cm×3.5 1장(미리 연결)

★ 실물본 4-22. 도시락이 쏘옥! 휴대용 도시락가방

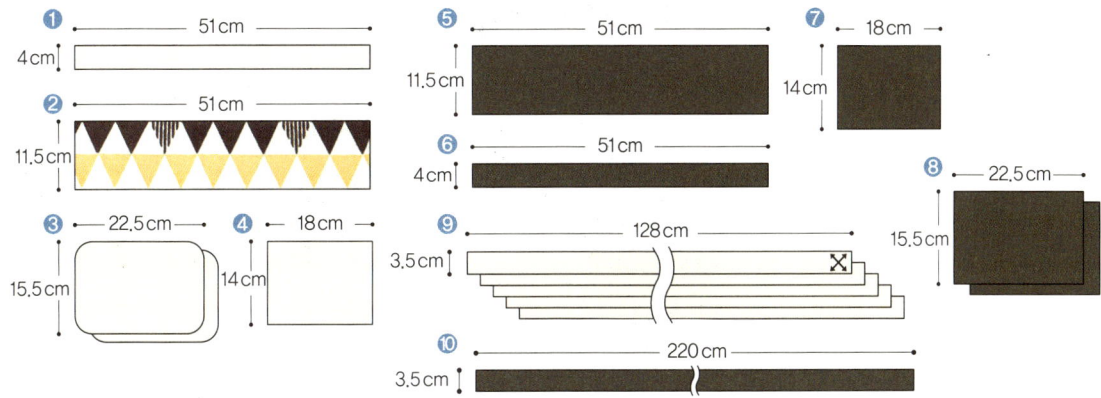

겉감 만들기

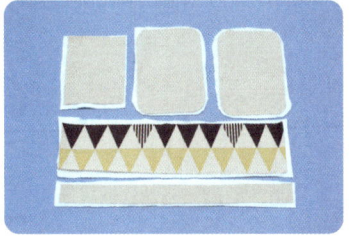

01 ①~④번까지 재단한 원단에 각각 접착솜을 대고 준비합니다. 접착솜은 원단보다 1~2cm가량 크게 재단하세요.

02 겉감 ①~④번을 각각 솜과 함께 다려서 접착솜을 붙여줍니다.

03 ①번 겉감의 위판 전체를 0.3cm로 눌러 박음질합니다.

04 ②번 겉감의 하단도 0.3cm를 눌러 박음질합니다.

05 ③번 바닥의 위도 0.3cm로 눌러 박음질합니다.

06 ④번 겉감의 뒤도 0.3cm로 눌러 박음질합니다.

07 ①~④번 박음질한 겉감의 남아있는 솜을 시접에 맞게 모두 잘라줍니다.

손누빔과 지퍼 만들기 ▲▲▲ ▲▲

08 무늬 선을 따라서 하단을 먼저 박음질합니다.

09 세모 무늬를 따라서 누벼줍니다.

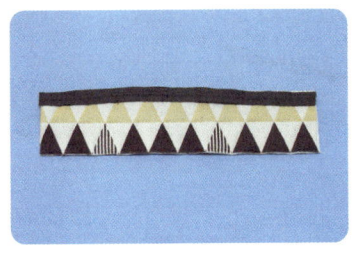

10 겉감 위쪽에 겉과 지퍼 겉을 대고 준비합니다.

11 지퍼 노루발로 교체한 후 지퍼의 오른쪽을 박음질합니다.

12 박음질한 지퍼 밑에 ⑤번 방수 원단을 올려줍니다.

13 지퍼 노루발을 원단 끝에 맞추고 박음질합니다.

14 방수 원단을 뒤로 넘기고 핀을 꽂아줍니다.

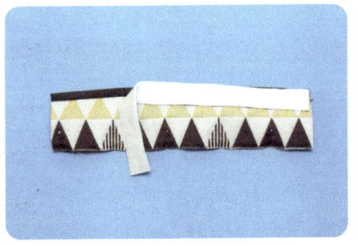

15 지퍼를 겉감 위를 대고 준비한 앞모습입니다.

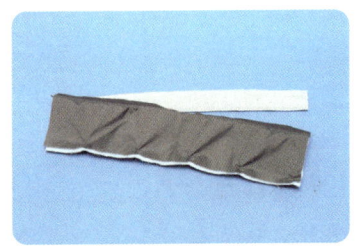

16 지퍼를 겉감 위를 대고 준비한 뒷모습입니다.

17 방수 원단 방향에서 겉감 위에 댄 지퍼의 세로 중간을 박음질합니다.

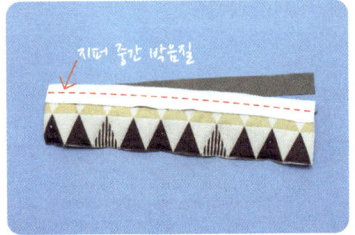

18 ⑥번 방수 원단을 위판에 대고 준비합니다.

19 방수 원단 위판에 지퍼를 대고 세로 중간을 박음질합니다.

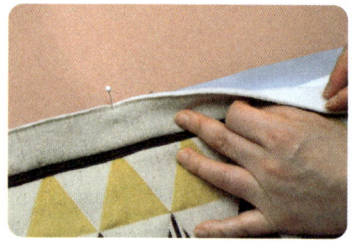

20 방수 원단을 뒤로 넘기고 시침핀을 꽂아 고정시켜줍니다.

21 평노루발로 교체 후 겉감 하단을 0.5cm로 눌러 박음질합니다.

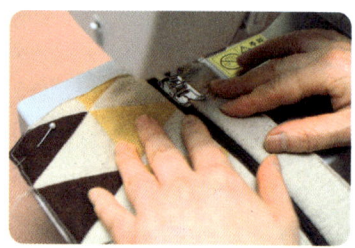

22 겉감 위판을 0.5cm로 눌러 박음질 합니다.

23 지퍼 양쪽에서 안쪽으로 2개의 슬라이더를 끼워 마주보도록 합니다.

24 박음질한 선을 따라 전체를 박음질 합니다.

25 송곳으로 눌러가며 전체를 박음질 하면 편리합니다.

뒤판 만들기

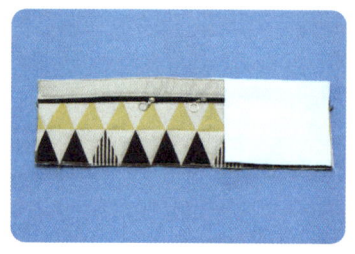

26 뒤판의 겉을 겉감 겉에 대고 준비 합니다.

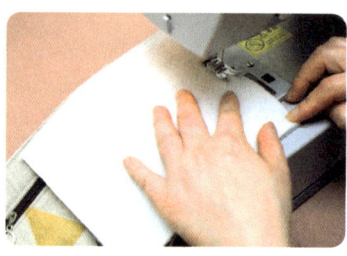

27 뒤판을 0.7cm로 박음질합니다.

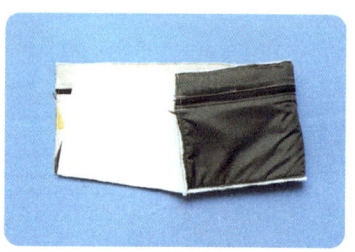

28 뒤판 다른 쪽도 같은 방법으로 대고 준비합니다.

29 0.7cm로 박음질합니다.

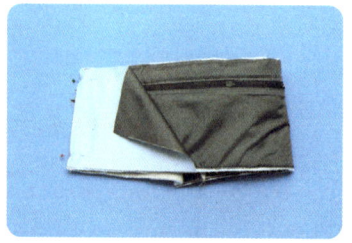

30 겉감 뒤쪽에 ⑦번 방수 원단 뒤판을 대고 준비합니다.

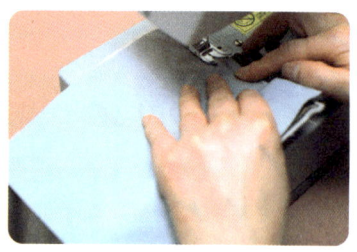

31 0.7cm로 박음질합니다.

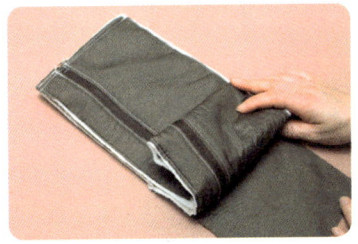

32 다른 쪽도 겉감을 접어서 준비합니다.

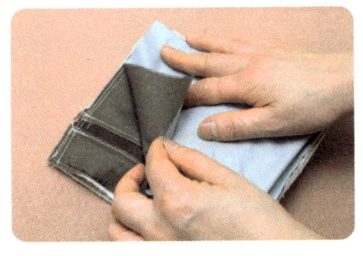

33 접은 겉감 뒤쪽과 뒤판 뒤쪽을 대고 준비합니다.

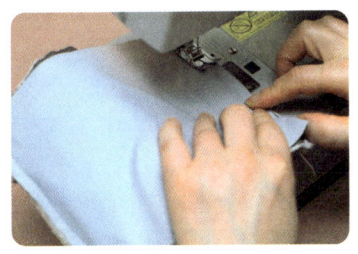

34 0.7cm로 시접을 남기고 박음질합니다.

35 뒤판 안감을 박음질하고 뒤집어줍니다.

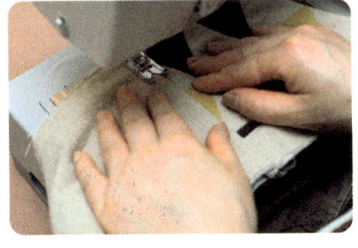

36 뒤판 겉을 0.5cm로 눌러 박음질합니다.

37 뒤판 다른 쪽도 눌러 박음질합니다.

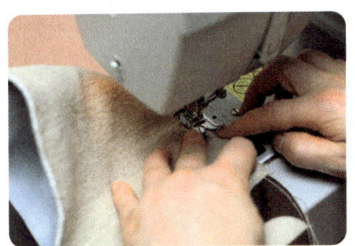

38 뒤판 위, 아래도 0.3cm를 남기고 박음질합니다.

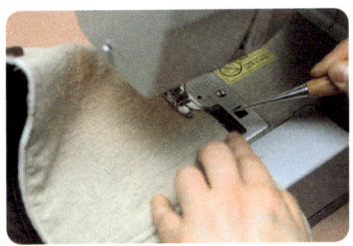

39 송곳으로 눌러가며 박음질합니다.

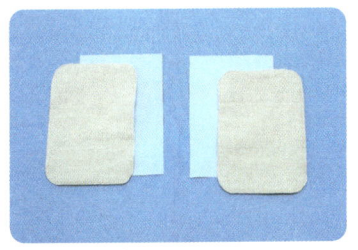

40 ⑧번 방수 원단 바닥, 위를 겉감에 대고 준비합니다.

41 전체 0.3cm로 박음질합니다.

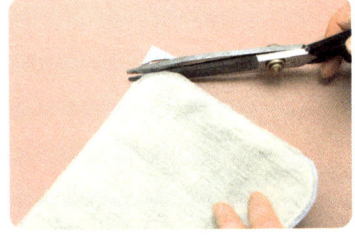

42 모서리의 방수 원단 남는 부분은 가위로 잘라줍니다.

파이핑과 끈 만들기 ▲▲▲ -----------------------------

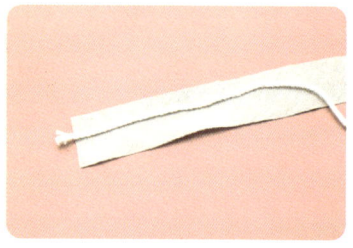

43 지퍼 노루발로 교체한 후 미리 연결한 ⑨번 바이어스 안쪽에 파이핑을 대고 준비합니다.

44 파이핑을 감싸서 바이어스를 접어 줍니다.

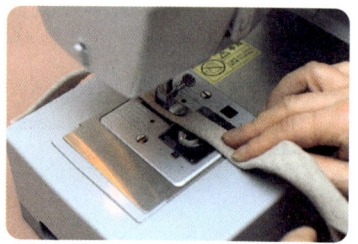

45 파이핑에 가까이 붙여서 바이어스를 박음질합니다.

46 웨이빙 양끝을 4cm로 표시합니다.

47 양끝에서 6.5cm를 안쪽으로 한 번 더 표시합니다.

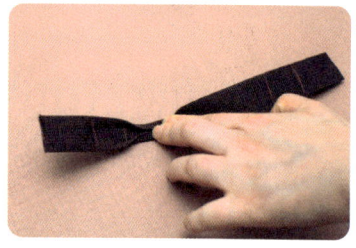

48 6.5cm 표시한 가운데를 안으로 접습니다.

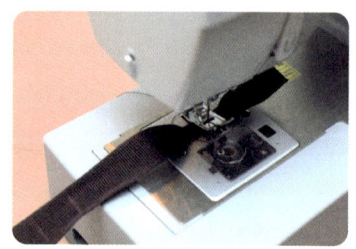

49 접은 끈의 끝쪽을 먼저 박음질합니다.

50 접은 끝을 송곳으로 누르면서 박음질합니다.

51 끈을 박음질해 완성한 모습입니다.

52 끈을 달기 위해 겉감 위 옆 중앙을 표시합니다.

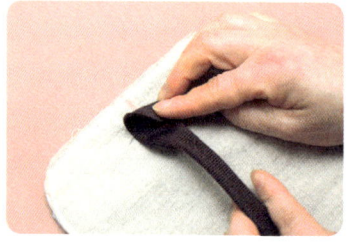

53 만들어 놓은 끈을 중앙에 맞춥니다.

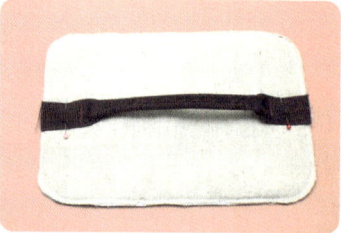

54 끈을 표시한 양쪽에 놓고 시침핀을 꽂아 고정시킵니다.

55 끈의 왼쪽을 먼저 3cm로 표시한 선까지 네모난 모양으로 박음질합니다.

56 남은 오른쪽도 같은 방법으로 박음질합니다.

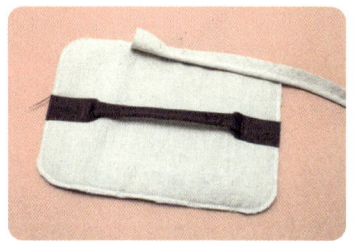

57 파이핑 노루발로 교체한 후 겉감 위에 파이핑을 대고 준비합니다.

위판, 바닥 파이핑 달기 ▲▲▲

58 위판을 먼저 바이어스가 되돌아 올 때 끝과 함께 박음질하기 위해 처음 3cm를 남기고 파이핑을 박음질합니다.

59 파이핑 마무리는 처음 남긴 선보다 1cm를 더 남기고 잘라줍니다.

60 시작과 끝나는 부분의 파이핑 줄이 겹쳐서 모양이 튀어나오지 않도록 먼저 실뜯개를 이용하여 박음질 된 위쪽 파이핑을 6cm까지 뜯어줍니다.

61 6cm로 뜯은 바이어스 원단 끝부분을 1.5cm로 접고, 3cm 남긴 파이핑 시작 부분을 접은(1.5cm) 곳 위로 올립니다.

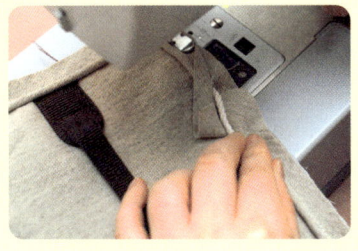

62 박음질 시작 부분을 1.5cm로 접은 부분 위로 올립니다.

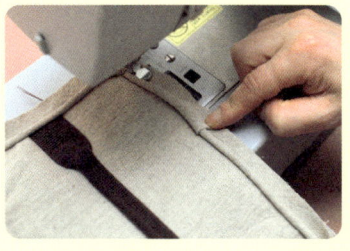

63 바깥쪽으로 안 보이게 접은 다음 마무리 박음질을 합니다.

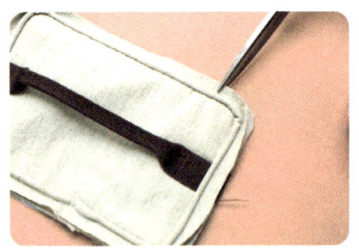

64 사각의 라운딩 부분에 가윗밥을 줍니다.

65 바닥도 파이핑과 방법은 동일하게 시작은 3cm를 남기고 시작합니다.

66 전체를 둘러 박음질하고 마무리는 60~63번 과정과 동일하게 합니다.

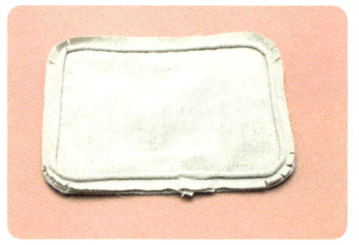

67 사각의 라운딩 부분에 가윗밥을 줍니다.

몸판 만들기

68 몸판의 앞판과 뒤판의 중앙에 초크로 표시해둡니다. 위판과 바닥을 달기 위해서 중앙 표시를 합니다.

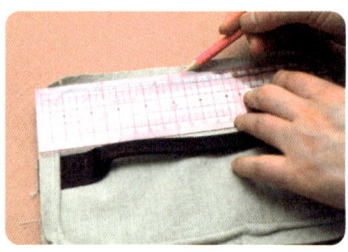

69 위판도 역시 초크로 중앙에 표시합니다.

70 표시한 부분을 접어 먼저 몸판과 위판을 겉과 겉끼리 마주보게 대고 준비합니다.

71 시침핀을 꽂아 고정시킵니다.

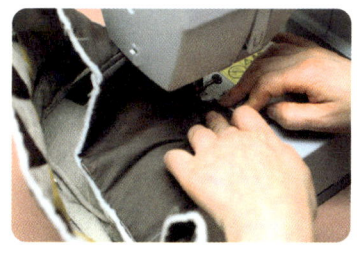

72 위판의 파이핑을 박음질한 쪽에 바짝 대고 박음질합니다(바닥, 위판 같은 방법으로 박음질).

73 위판과 바닥, 몸판을 연결한 모습입니다.

바이어스, 라벨 달기 ▲▲▲ ─ ─ ─ ─ ─ ─ ─ ─ ─ ─ ─ ─ ─

74 미리 연결한 ⑩번 바이어스용 안감 방수 원단은 시작 부분을 2cm로 접은 후 박음질합니다(바어이스 싸기 35쪽 참고).

75 안감에 바이어스를 감싼 모습입니다. 위판과 바닥을 모두 바이어스로 처리합니다.

76 마지막으로 바이어스를 싸준 후 뒤집으면 완성됩니다.

77 가죽 라벨을 달 곳을 지정해 위치합니다. 여기서는 정면의 중앙에 달아보았습니다.

78 손바느질로 가죽 라벨을 꿰매줍니다.

79 도시락 가방이 완성되었습니다.

23

캠핑이 더욱 즐거워지는

캠핑용 수저보관함

23 캠핑용 수저보관함

예상 재료비 | 약 10,000원
난이도 | ● ● ● ○ ○   완성 크기 | 18cm×23cm

▶ 재료

1 옥스퍼드 별 원단(겉감 1, 2)
2 리넨 원단(앞판)
3 방수 원단(안감)
4 2온스 접착솜(속지)
5 면 끈 120cm
6 패브릭 스티커 라벨
7 벨크로 4.5cm×2.5cm(폭)

▶ 재단하기

❶ 겉감 1(별 원단) 30cm×36cm 1장
❷ 겉감 앞판(리넨 원단) 30cm×21cm 1장
❸ 속지 솜 32cm×54cm 1장
❹ 안감(방수 원단) 30cm×52cm 1장
❺ 겉감 2(별 원단) 30cm×7cm 1장

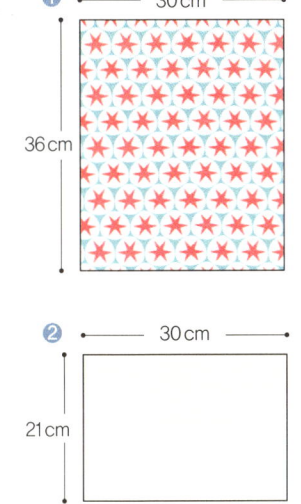

❶ 30cm / 36cm

❷ 30cm / 21cm

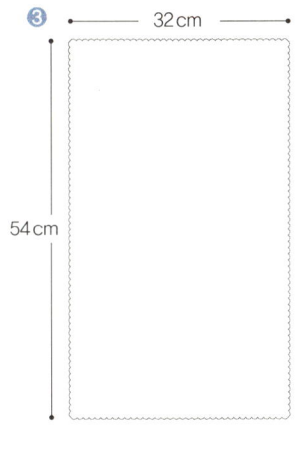

❸ 32cm / 54cm

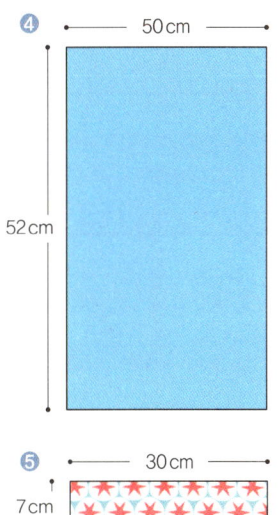

❹ 50cm / 52cm

❺ 30cm / 7cm

겉감 만들기

01 ①번 겉감 위에 ②번 겉감 앞판을 올려놓고 박음질을 준비합니다.

02 ②번을 위쪽에 올려 30cm 크기 부분의 바깥쪽을 시접 0.7cm로 박음질합니다.

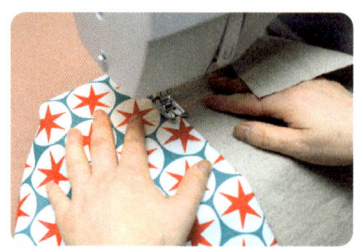

03 안쪽은 겉감 별 원단 쪽에서 시접 0.3cm로 눌러 박음질합니다.

04 ③번 속지 솜 위에 박음질한 겉감을 올려 다림질 해줍니다. 접착솜과 원단을 붙여줍니다.

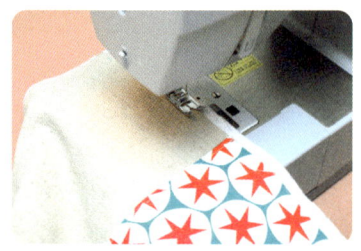

05 겉감의 가장자리 전체를 0.2cm로 끝박음질합니다. 전체를 박음질할 때 ③번의 겉감 앞판 양옆(21cm 부분)이 함께 박음질됩니다.

06 박음질을 마친 후 남은 솜은 가위로 잘라줍니다.

안감 만들기

07 ④번 안감에 ⑤번 겉감을 왼쪽 방향에 겉끼리 놓고 시침핀으로 고정합니다.

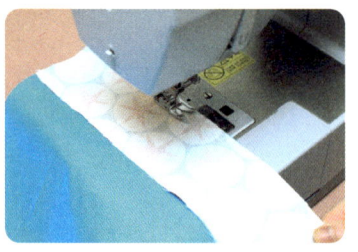

08 시접 0.7cm로 박음질합니다.

09 방수 원단 겉쪽으로 ⑤번 겉감을 돌려서 시접을 0.3cm로 눌러 박음질합니다.

끈 연결하기 ▲▲▲ ----------------------------

10 끈을 달기 위해 먼저 겉감(별 원단과 리넨 원단 연결)의 별 원단 부분 (별 원단과 리넨 원단이 만나는 지점)에서 왼쪽에 7.5 cm를 초크로 표시합니다.

11 준비된 면 끈(120 cm)을 반 접어 7.5 cm로 초크로 표시한 선에 올려 위치를 잡습니다.

12 끈과 원단을 0.3 cm로 박음질하여 연결합니다.

겉감과 안감 연결하기 ▲▲▲ ----------------------------

13 겉감과 안감을 겉끼리 마주보게 놓고 박음질을 준비합니다. 안감의 방수 원단은 별 원단 방향 쪽으로 끝을 맞추어줍니다.

14 겉감의 접착솜 방향이 보이도록 뒤집어서 박음질합니다. 이때 겉감(리넨 원단) 방향의 위쪽을 제외하고 나머지 쪽을 시접 0.7 cm로 박음질합니다. 별무늬 원단이 하단이 되고 리넨 원단 부분이 상단이 됩니다.

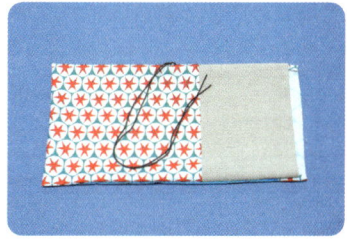

15 위쪽 방향으로 뒤집어서 다리미로 다려주면 겉감(리넨 원단)의 위쪽으로 2 cm정도 겉감(별 원단)이 튀어나오게 됩니다.

16 몸판의 접히는 부분을 표시하기 위해 오른쪽 방향 겉감의 별 원단에서 1.5 cm를 표시합니다.

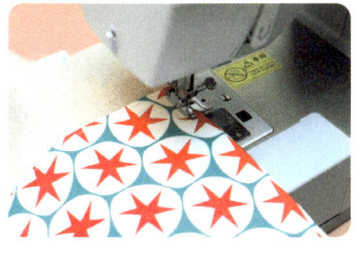

17 리넨 원단부터 표시한 선까지 시접 0.2 cm로 눌러 박음질합니다. 왼쪽 방향도 1.5 cm를 표시하여 동일하게 박음질합니다.

18 리넨 원단 상단의 남는 곳, 박음질 안한 곳 위쪽을 두 번(바이어스 접듯) 접어 다려줍니다.

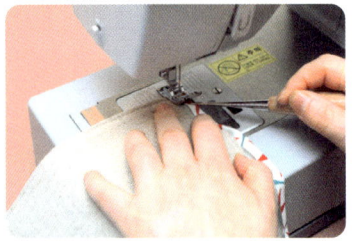

19 송곳으로 눌러가며 시접 0.2cm로 끝박음질합니다.

벨크로 테이프, 라벨 달기 - - - - - - - - - - -

20 벨크로 테이프의 거친 면을 달기 위해 안감 쪽 위의 중앙을 초크로 표시합니다.

21 표시한 중앙에 벨크로의 거친 면을 시침핀으로 고정합니다.

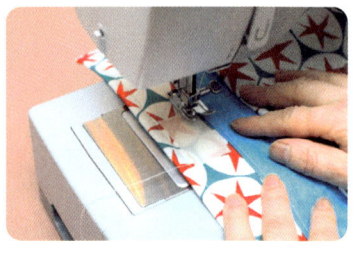

22 벨크로를 전체 0.2cm로 끝박음질 합니다.

23 겉감에 벨크로 테이프를 박음질 한 선에 달아줄 라벨 위치를 정합니다.

24 스티커 라벨 뒤를 떼어내고 위치에 올려둡니다.

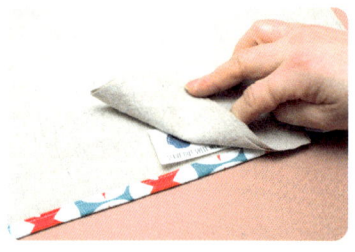

25 위에 면 원단을 올려놓습니다.

26 다림질은 중간 온도로 해서 다려줍니다.

27 스티커 라벨을 부착해준 모습입니다.

28 겉감(별 원단) 부분을 절반 정도 뒤집습니다. 벨크로 테이프의 부드러운 면을 달기 위해 단 겉감의 하단 위치에서 4.5cm 표시합니다.

29 4.5cm 표시 선에서 가로를 재어 벨크로 테이프 위치를 중앙에 표시합니다.

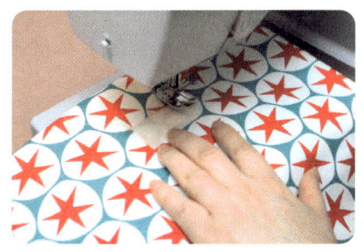

30 벨크로의 부드러운 면을 표시한 중앙에 놓고 0.2cm로 박음질합니다.

수저 칸 만들기 ▲▲▲

31 수저와 젓가락이 들어갈 칸을 만들기 위해 하단(별 원단 방향)에 16cm를 양쪽에 표시합니다.

32 표시한 선(16cm)의 양쪽을 잡고 안감 쪽으로 접어서 다려줍니다.

33 가로로 3.5cm씩 칸을 7개 표시합니다.

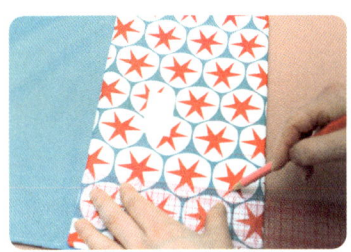

34 가로로 표시한 선을 세로로 그려줍니다.

35 표시한 선을 시침핀으로 잡아준 다음, 양쪽 끝을 먼저 0.2cm로 눌러 박음질합니다. 다음에 나눈 칸을 선을 따라 박음질합니다.

36 캠핑용 수저 보관함이 완성되었습니다.

24

아웃도어 의자 수납용

릴렉스 의자주머니

24 릴렉스 의자주머니

예상 재료비 | 약 13,000원
난이도 | ● ● ○ ○ ○   완성 크기 | 39cm×43cm

▶▶ 재료

1 30수 원단
2 예일 솔리드 원단
3 패브릭 라벨
4 단추 2개
5 빨강색 리넨 원단

▶▶ 재단하기

❶ 겉감 주머니 뒤판(예일 솔리드 원단) 45cm×25cm 1장
❷ 겉감 주머니 앞판(30수 원단) 45cm×25cm 1장
❸ 몸판 앞, 뒤판(예일 솔리드 원단) 45cm×40cm 2장
❹ 고리감(빨강색 리넨 원단) 4cm×8cm 2장
❺ 바이어스(빨강색 리넨 원단) 50cm×3.5cm(사선으로 재단)

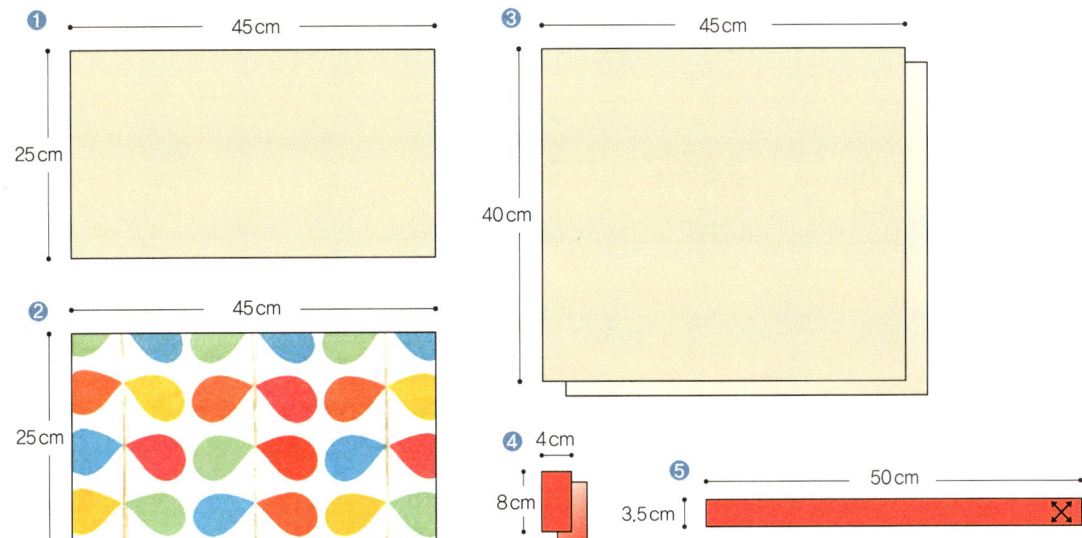

주머니 만들기 ▲▲▲

01 ①번 겉감 주머니 뒤판에 ②번 겉감 주머니 앞판의 겉을 올려놓고 준비합니다.

02 위쪽만 0.7cm로 박음질합니다.

03 겉감 쪽으로 뒤집어서 다리미로 다려줍니다.

04 겉에서 0.5cm를 눌러 박음질합니다.

05 주머니 무늬 사이를 먼저 박음질합니다.

06 한 번 더 무늬 사이로 박음질합니다.

07 주머니가 완성된 모습입니다.

몸판에 주머니 연결하기 ▲▲▲

08 ③번 몸판 앞 원단에 완성한 주머니를 놓고 준비합니다.

09 시침핀으로 고정한 후 오른쪽 옆을 먼저 박음질합니다.

10 하단과 왼쪽 옆도 박음질하여 마무리합니다.

고리 만들기 ▲▲▲ ------------------------------------

11 ④번 고리감을 반으로 접습니다.

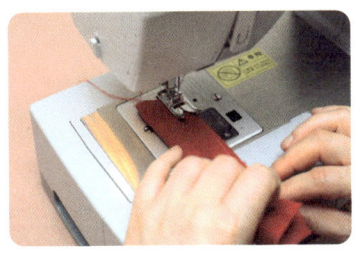

12 오른쪽 트인 쪽을 0.7cm로 박음질 합니다.

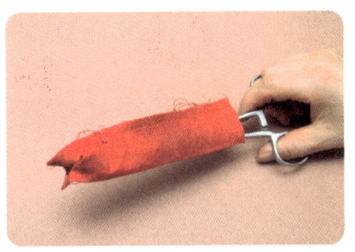

13 뒤집개를 이용해서 뒤집어줍니다.

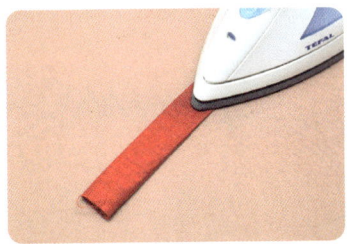

14 뒤집은 후 다리미로 다려줍니다.

15 다시 양쪽 끝을 0.2cm로 박음질합니다.

16 송곳으로 고리감 끝을 긁어서 수술을 만들어줍니다.

17 고리감 2개 수술을 만들어준 모습입니다.

고리에 단춧구멍 만들기 ▲▲▲ -------------------------

18 사용하는 단추 크기에 맞게 구멍을 뚫어주어야 하니 자로 정확히 단추의 크기를 재어줍니다.

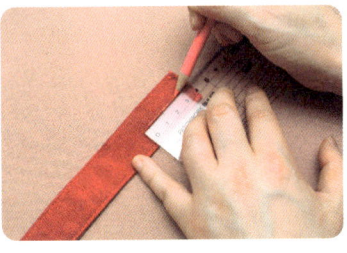

19 수술이 있는 쪽(하단)에서 1cm를 남기고 가로로 단춧구멍(2.5cm)을 중앙에 표시합니다.

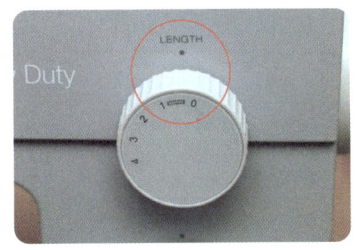

20 재봉틀의 땀수 다이얼을 1과 0 사이에 맞춥니다.

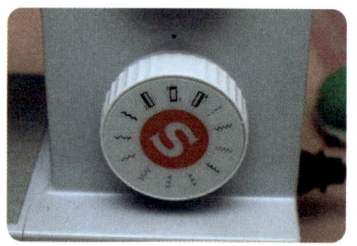

21 단춧구멍 패턴은 (1)에 맞춥니다.

22 표시한 선(가로 2.5cm)에 바늘을 꽂고 박음질을 합니다.

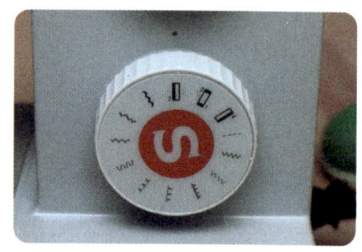

23 다시 단춧구멍 패턴을 (2)에 맞추고 박음질합니다.

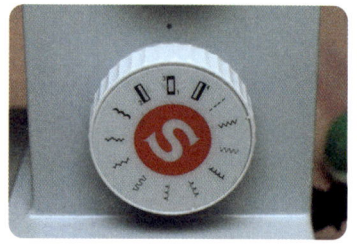

24 단춧구멍 패턴을 (3)에 맞추고 박음질합니다.

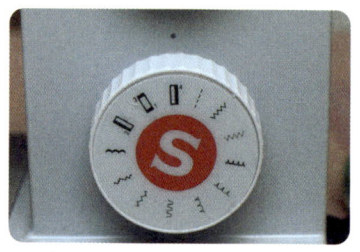

25 마지막으로 단춧구멍 패턴을 (4)에 맞추고 박음질합니다.

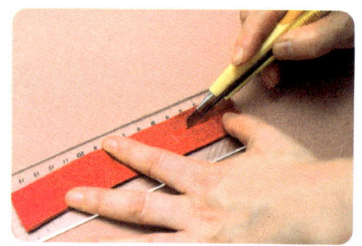

26 단춧구멍 가운데를 밑에 시접 자를 대고 칼로 잘라줍니다.

27 단춧구멍 가운데를 칼로 자른 모습 입니다.

TIP **단춧구멍 패턴**
단춧구멍 패턴은 사용하는 재봉틀 기종에 따라 각각 다르므로 자신 이 가진 재봉틀의 사용 설명서를 참고하세요.

몸판에 뒤판 연결하기

28 완성한 몸판 앞에 ③번 몸판의 뒤판을 대고 준비합니다.

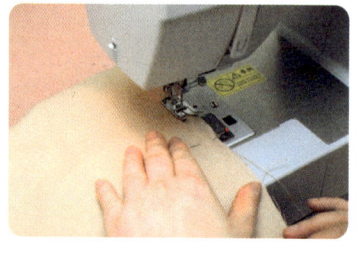

29 위를 제외하고 삼면을 0.7cm로 박음질합니다.

30 뒤집어서 주머니 칸을 나눈 박음 선을 따라 10cm를 표시합니다.

31 표시한 10cm까지만 박음질합니다.

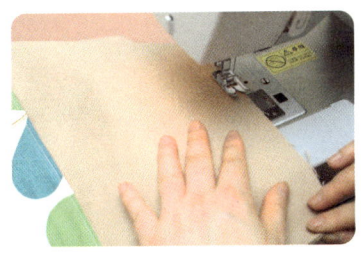

32 위쪽도 0.3cm로 박음질합니다.

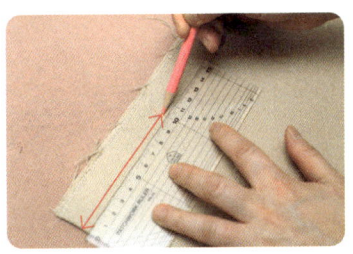

33 고리를 달기 위해 자리를 잡아줍니다. 위쪽 양끝에서 10cm를 표시합니다.

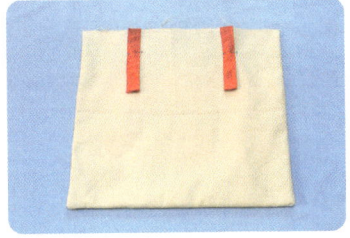

34 표시한 선에 고리 두 개를 놓고 준비합니다.

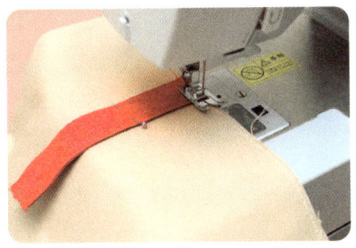

35 고리 위를 0.3cm로 박음질합니다.

바이어스 싸기

36 ⑤번 바이어스를 몸판 뒤쪽에 놓고 준비합니다.

37 앞 2cm를 남기고 0.7cm로 박음질합니다. 끝부분에 2cm를 남깁니다.

38 남긴 2cm의 바이어스 부분의 위쪽을 접습니다.

39 남은 2cm를 원단 안쪽으로 접어줍니다.

40 다시 오른쪽을 0.5cm로 접어줍니다.

41 마지막으로 다시 한 번 더 안쪽으로 접습니다.

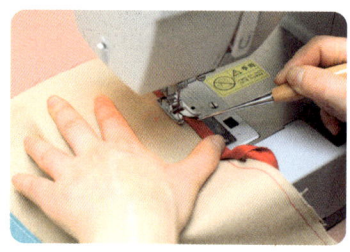

42 바이어스 끝을 송곳으로 눌러가면
　 서 0.2cm로 박음질합니다.

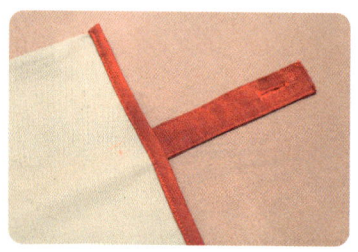

43 고리를 위로 올려서 준비합니다.

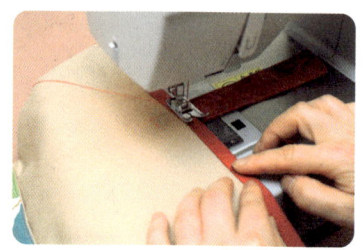

44 고리 부분만 0.2cm로 박음질합니다.

패브릭 라벨 달기와 단추 달기 ▲▲▲ ----------

45 패브릭 라벨(스티커용지)을 떼어내
　 어 중앙에 올려놓습니다.

46 패브릭 라벨이 잘 붙도록 남는 면
　 원단을 덮어준 후 다려줍니다. 다
　 림질할 때 중간 정도의 온도로 맞
　 추어 놓고 다려줍니다.

47 단춧구멍에 맞추어서 단추를 달아
　 줍니다.

48 릴렉스 의자 주머니가 완성되었습
　 니다. 다용도 주머니로도 활용하
　 세요.

리모컨 주머니를 만들어보세요

릴렉스 의자 주머니의 사이즈를 줄여서 소파 옆에 사용할 수 있는 리모컨 주머니를 만들어보세요. 상단에 끈과 레이스를 다는 것만 다르고 나머지는 모두 동일하게 작업해주면 소파나 의자에 걸어 사용할 수 있는 리모컨 주머니가 됩니다.

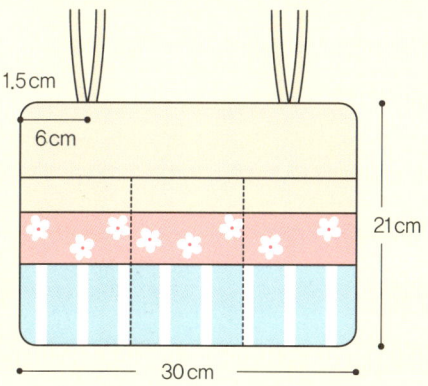

리넨 무지 원단	30cm×21cm 1장
뒤판 누비 원단	30cm×21cm 1장
리넨 무지 원단	30cm×4cm 1장
리넨 무늬 원단	30cm×6.5cm 1장
	30cm×8cm 1장
레이스	18cm×2cm 주름으로 박음질하기

25

운전의 피로를 날려주는

차량용 목쿠션

25 차량용 목쿠션

예상 재료비 | 약 10,000원
난이도 | ●●●○○   **완성 크기** | 30cm×18cm

▶ 재료

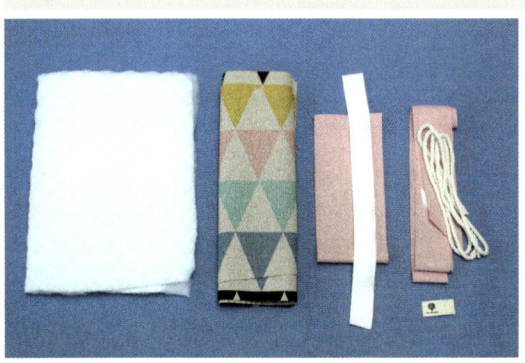

1 패딩솜
2 무늬 원단
3 무지 원단(고무줄, 파이핑 감)
4 고무줄
5 파이핑줄 100cm 정도
6 라벨

▶ 재단하기

❶ 무늬 앞판 32.5cm×22.5cm 시접 포함, 실물본
❷ 고무줄 감 7.5cm×50cm
❸ 파이핑줄 감 4cm×100cm 정도
❹ 무늬 뒤판 32.5cm×22.5cm 시접 포함, 실물본

★ 실물본 4-25. 운전의 피로를 날려주는 차량용 목쿠션

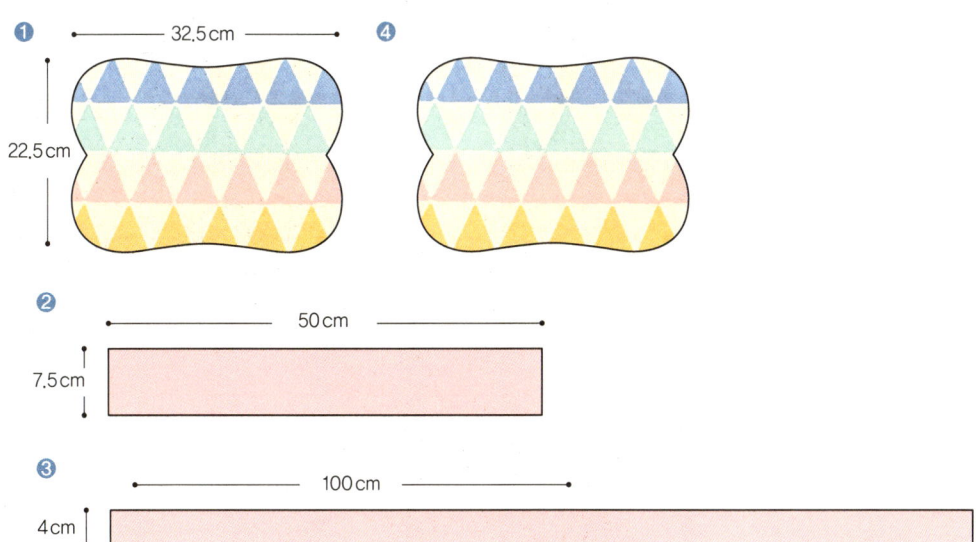

❶ 32.5cm 22.5cm ❹
❷ 50cm 7.5cm
❸ 100cm 4cm

앞판과 파이핑 줄 만들기 ▲▲▲ ----------------

01 ①번 앞판을 패딩솜을 대고 시침핀으로 고정합니다. 패딩솜은 앞판보다 2～3cm 크게 잘라 사용하세요.

02 고정한 것을 ①번 앞판의 가장자리를 끝박음질로 박음질합니다.

03 전체를 돌려가면서 박음질합니다.

04 박음질한 후에 앞판에 맞추어 솜을 잘라냅니다.

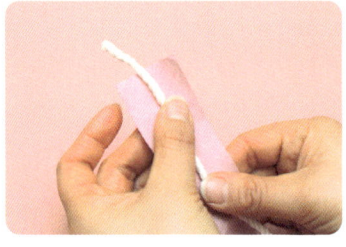

05 파이핑 감에 파이핑 줄을 대고 고정합니다.

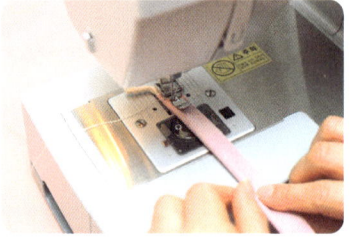

06 외노루발을 이용하여 파이핑을 박음질합니다.

07 파이핑 감을 박음질할 때 파이핑 줄이 원단 중앙에 오도록 맞추어가며 박음질합니다.

다른 원단!
또 다른 느낌!

라벨 달기 ▲▲▲ --

08 라벨을 반으로 접어 앞판에 겉과
　　 겉이 마주보게 고정합니다.

09 앞판 한 쪽 귀퉁이에 라벨을 시침
　　 핀으로 고정합니다.

10 고정한 라벨을 박음질합니다.

파이핑 줄 싸기 ▲▲▲ --

 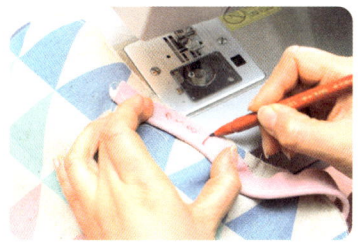 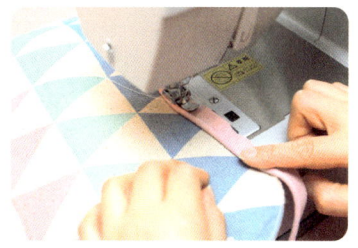

11 앞판에 만들어 놓은 파이핑을 고정
　　 합니다.

12 파이핑 줄의 처음 7cm 정도에 표
　　 시를 해줍니다(위쪽으로 7cm는 박
　　 음질하지 않습니다).

13 파이핑 줄을 박음질합니다.

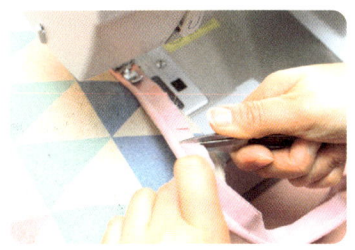  

14 파이핑 감은 원단을 1cm 정도에
　　 한 번씩 가윗밥을 줍니다.

15 파이핑 감은 처음 7cm는 박지 않고
　　 띄어놓고 돌려가며 박음질합니다.

16 마지막 부분도 7cm 정도 박지 않
　　 고 바늘을 빼줍니다.

  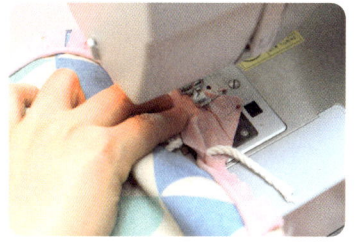

17 파이핑 감 마무리는 삼각접기 하여
　　 사선으로 고정합니다.

18 박음질 하기 전에 시침핀으로 고정
　　 합니다.

19 고정한 곳을 박음질합니다.

20 파이핑 줄도 길이에 맞게 잘라냅니다.

21 파이핑 줄을 원단 사이에 잘 정리하여 넣은 후 마무리 박음질을 합니다.

손잡이 만들기 ▲▲▲

22 손잡이를 만들기 위해 고무줄 감 7.5cm를 반으로 접어 고무줄 너비에 맞추어 선을 그려놓습니다.

23 그린 선을 박음질합니다.

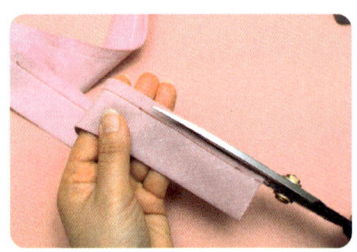

24 시접을 0.5cm 남겨두고 가위로 잘라냅니다.

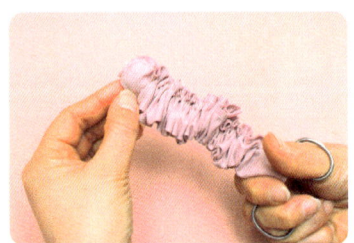

25 뒤집개를 이용하여 손잡이를 뒤집어줍니다.

26 뒤집은 후 다림질로 다려서 펴줍니다.

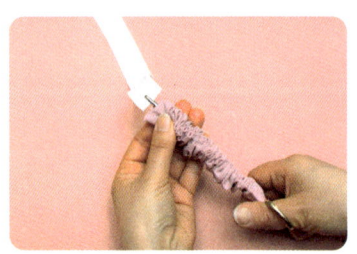

27 뒤집개를 이용하여 고무줄을 넣어줍니다.

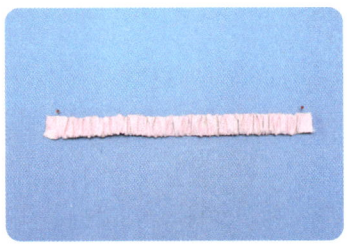

28 고무줄을 넣고 양쪽을 고정합니다.

29 만들어 놓은 앞판에 고무줄을 중앙에 고정합니다.

30 앞판 양쪽에 고무줄을 박음질합니다.

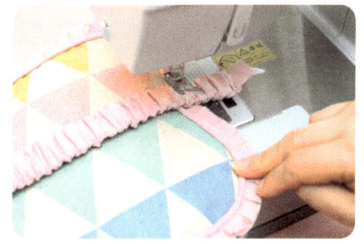

31 앞판보다 고무줄 길이는 1cm 작게 하여 잡아당기듯 박음질합니다.

32 남는 고무줄 길이를 몸판에 맞게 잘라주고 손잡이를 완성합니다.

전체 연결하기

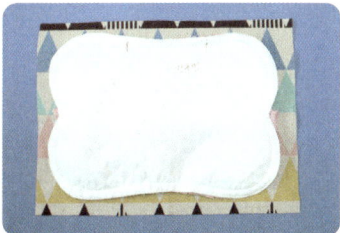

33 ④번 무늬 뒤판(실물본 이용)을 만들어 놓은 앞판과 겉이 마주보게 놓아줍니다.

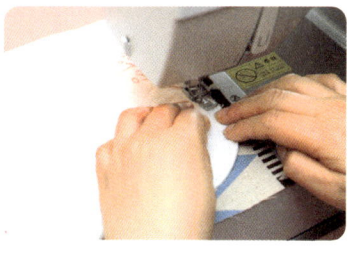

34 창구멍을 8cm 정도 남긴 후 돌려가며 박음질합니다.

35 남는 원단은 잘라냅니다.

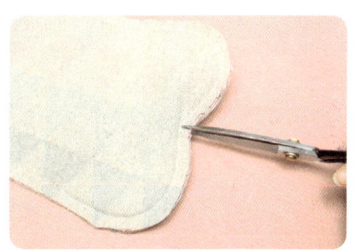

36 양쪽 들어간 부분과 둥그런 부분에 가윗밥을 줍니다.

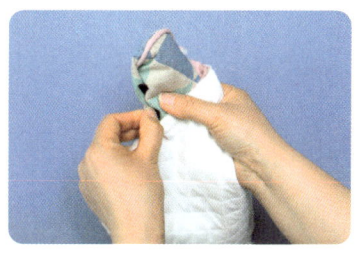

37 창구멍을 통해 뒤집어줍니다.

38 뒤집어서 전체를 반듯하게 다려줍니다.

39 솜을 넣어주고 공그르기로 창구멍을 아줍니다.

40 차량용 목쿠션이 완성되었습니다.

언제 어디서나 간편한 휴대용

메모리폼 베개
커버①

26 메모리폼 베개커버①

예상 재료비 | 약 10,000원(메모리폼 20,000원)
난이도 | ● ● ○ ○ ○ **완성 크기** | 50cm×30cm
(높이 10cm)

▶▶ 재료

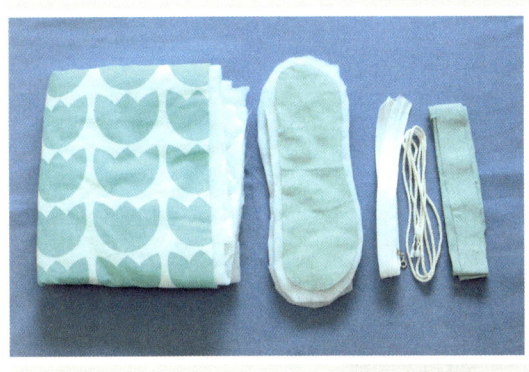

1 30수 튤립 민트색 원단(몸판)
2 선염 원단(옆판)
3 패딩솜(안감)
4 지퍼 48.5cm
5 파이핑
6 슬라이더

▶▶ 재단하기

❶ 겉감 몸판 73cm×48.5cm 1장
❷ 안감 패딩솜 75cm×50.5cm 1장
❸ 옆판 선염 원단 9.7cm×30.5cm 시접 별도 2장, 패딩솜 2장(실물본)
❹ 파이핑 감 선염 원단 160cm×3.5cm(바이어스 재단하기 34쪽 참고)

★ 실물본 4-26. 언제 어디서나 간편한 휴대용 메모리폼 베개커버①

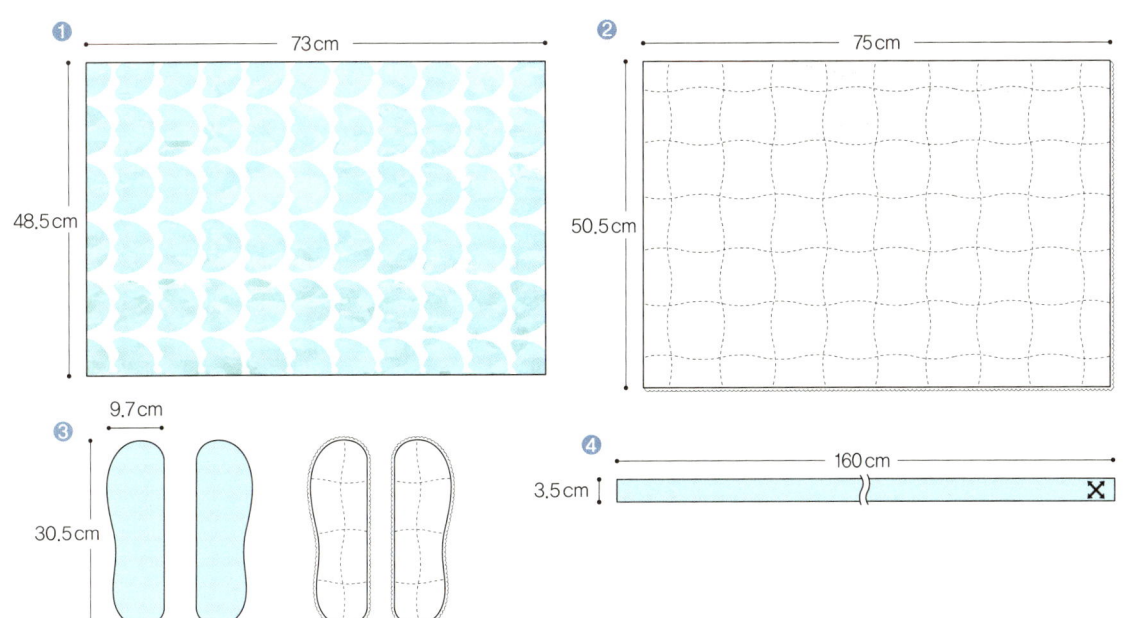

몸판, 옆판 만들기 ▲▲▲

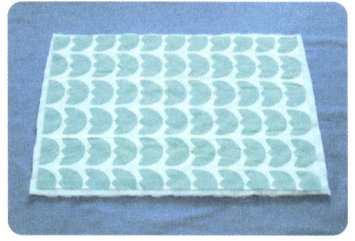

01 겉감 몸판 ①번을 패딩솜 ②번 위에 놓고 준비합니다.

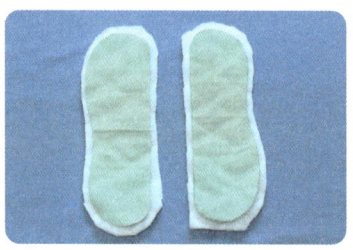

02 옆판 ③번도 패딩솜 위에 올려놓고 준비합니다(옆판 2장이 같은 방향이 되지 않도록 조심하세요).

03 몸판 전체를 0.3cm로 박음질합니다.

04 옆판도 전체를 0.3cm로 박음질합니다.

05 몸판과 옆판을 오버로크합니다.

파이핑, 지퍼 박음질하기 ▲▲▲

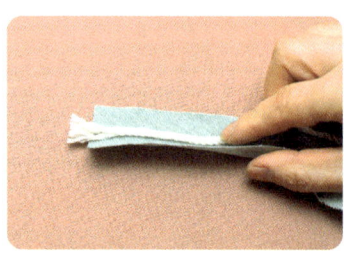

06 ④번 파이핑 감 선염 원단에 파이핑을 넣고 준비합니다.

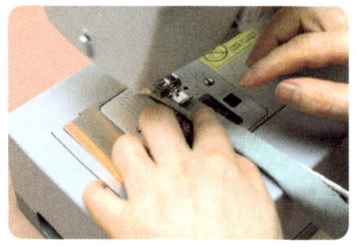

07 지퍼 노루발로 교체한 후 파이핑 감을 반으로 접어 파이핑을 감싸준 다음 박음질을 합니다.

08 겉감 몸판 위에 지퍼 겉을 놓고 박음질합니다.

09 지퍼 시접을 뒤쪽으로 넘기고 겉에서 0.5cm를 눌러 박음질합니다.

10 반대쪽에도 같은 방법으로 지퍼를 박음질합니다.

11 같은 방법으로 지퍼 시접을 뒤쪽으로 넘기고 겉에서 0.5cm를 눌러 박음질합니다.

12 옆판 직선 쪽에 만들어진 파이핑을 놓고 박음질합니다.

13 파이핑을 사진처럼 겹쳐서 마무리 박음질을 합니다.

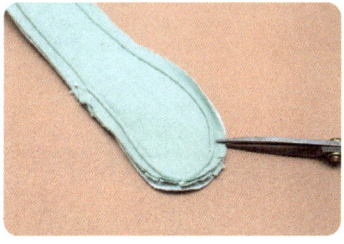

14 파이핑의 둥근 부분에 가위집을 줍니다.

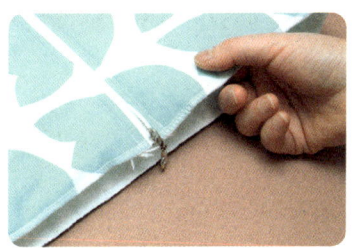

15 몸판에 슬라이더를 끼웁니다.

16 지퍼 중앙까지 올려줍니다.

17 몸판 지퍼 쪽 1/3 지점에 옆판 직선 쪽 겉을 놓고 준비합니다.

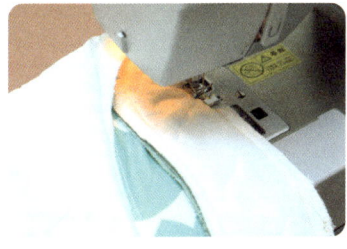

18 안감 솜 방향에서 파이핑의 박음선을 따라 박음질합니다.

19 휴대용 메모리폼 필로우 커버(1)이 완성되었습니다.

27

휴대하기 좋은 압축가방

메모리폼
베개주머니

27 메모리폼 베개주머니

예상 재료비 | 약 8,000원　　난이도 | ● ○ ○ ○ ○
완성 크기 | 27cm×17cm(높이×밑면)

▶▶ 재료

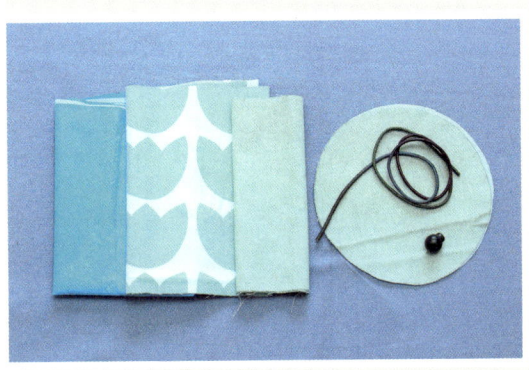

1 30수 원단(튤립 민트색)
2 선염 원단(민트색)
3 방수 원단
4 오시도리 끈 80cm
5 스토퍼

▶▶ 재단하기

❶ 겉감 위판(30수 원단 튤립색) 58cm×26cm 1장
❷ 겉감 하단(선염 원단 민트색) 58cm×14cm 1장
❸ 안감(방수 원단) 58cm×38cm 1장
❹ 겉감 바닥(선염 원단 민트색) 지름 18.5cm 1장(실물본)
❺ 안감 바닥(방수 원단) 지름 18.5cm 1장(실물본)

★ 실물본 4-27. 휴대하기 좋은 압축가방 메모리폼 베개주머니

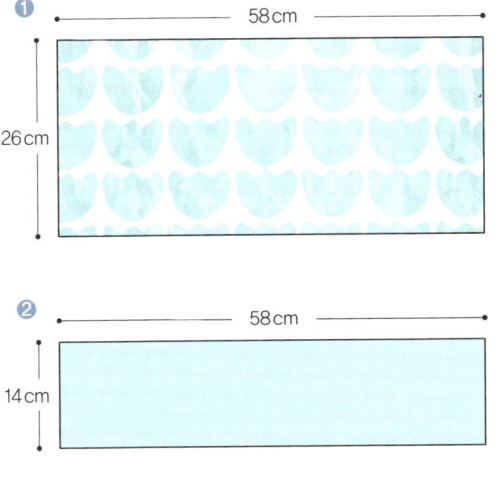

❶ 58cm / 26cm

❷ 58cm / 14cm

❸ 58cm / 38cm

❹ 18.5cm

❺ 18.5cm

몸판 겉감 연결하기 ▲▲▲ ⎯ ⎯ ⎯ ⎯ ⎯ ⎯ ⎯ ⎯ ⎯ ⎯ ⎯ ⎯ ⎯

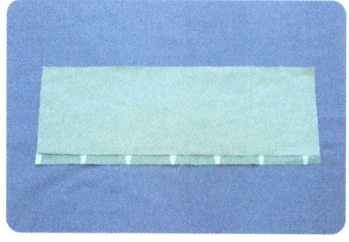

01 ①번 겉감 위판과 ②번 겉감 하단을 겉끼리 대고 준비합니다.

02 준비한 원단을 0.7cm로 박음질합니다.

03 시접을 하단으로 가도록 하고 겉에서 0.3cm를 눌러 박음질합니다.

04 연결한 겉감을 ③번 안감의 밑에 놓고 준비합니다.

05 ④번 겉감 바닥과 ⑤번 안감 바닥을 밑에 놓고 준비합니다.

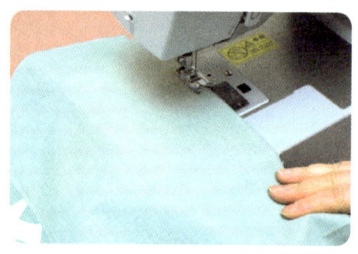

06 준비한 겉감 몸판과 바닥 전체 가장자리를 0.2cm로 박음질합니다.

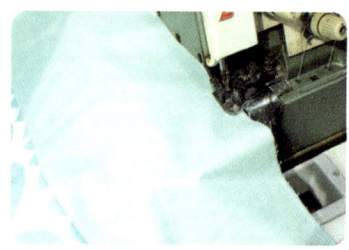

07 몸판을 오버로크 합니다.

08 바닥을 오버로크 합니다.

09 몸판을 겉감 쪽으로 반을 접어줍니다.

10 접은 부분으로 위에서 4cm를 남기고 박음질합니다.

11 몸판 옆선을 박음질하는 모습입니다.

12 완성한 몸판 하단에 오버로크한 바닥을 시침핀으로 고정합니다.

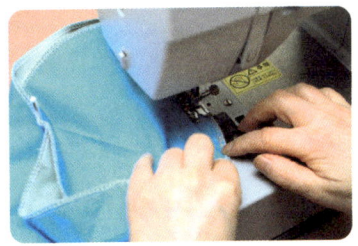

13 동그랗게 0.7cm로 박음질을 합니다.

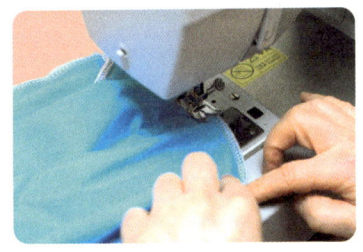

14 박음질을 하면서 몸판에 끝과 바닥에 끝이 잘 맞도록 박음질하여 마무리합니다.

끈 통로 만들기 ▲▲▲ ----------------------------

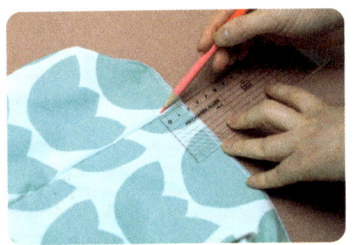

15 위에서 겉감 쪽에 2cm를 표시합니다.

16 위에서 4cm를 남겨 두었던 곳을 확인합니다.

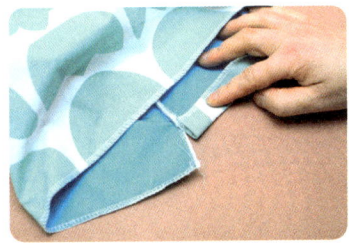

17 15번에서 표시한 2cm를 안쪽으로 접습니다.

18 잘 접히도록 다리미로 다려줍니다.

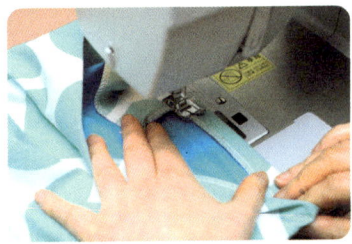

19 접은 하단의 오버로크 안쪽 선을 따라 박음질합니다.

20 오시도리 끈을 옷핀에 끼워 끈 통로에 넣어줍니다.

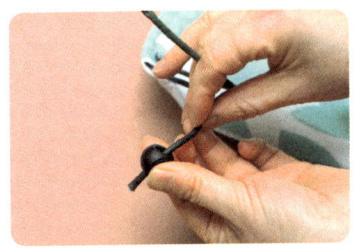

21 끈 두 개를 스토퍼에 끼워서 끈을 묶어줍니다.

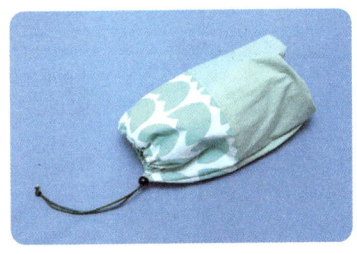

22 휴대용 메모리폼 필로우 주머니가 완성되었습니다.

28

캠핑과 차량에 꼭 필요한

메모리폼
베개커버②

28 메모리폼 베개커버②

예상 재료비 | 약 10,000원(메모리폼 약 20,000원)
난이도 | ● ● ○ ○ ○   **완성 크기** | 25cm×30cm
×7/10cm(높이/높이)

▶ 재료

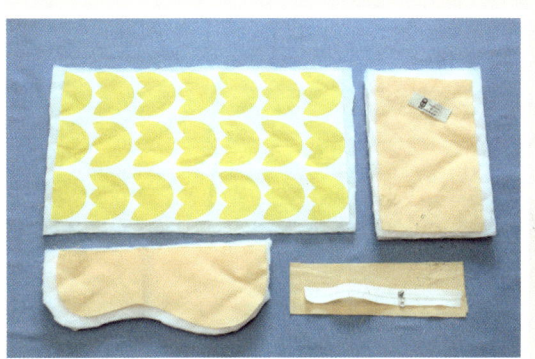

1 30수 튤립 노랑색 원단(앞판)
2 선염 노랑색 원단(뒤판, 옆판, 끈)
3 패딩솜
4 지퍼 27cm
5 슬라이더
6 라벨

▶ 재단하기

❶ 앞판(튤립 노랑색 원단) 47.5cm×27cm 1장
❷ 앞판 패딩솜 49.5cm×29cm 1장
❸ 뒤판(선염 노랑색 원단) 16.5cm×27cm 2장
❹ 뒤판 패딩솜 18.5cm×29cm 2장
❺ 옆판(선염 노랑색 원단) 12.5cm×33cm 시접 별도, 실물본
❻ 옆판 패딩솜 2장, 실물본(1cm 여유 있게 차단)
❼ 끈(선염 노랑색 원단) 40cm×7cm 2장

★ 실물본 4-28. 캠핑과 차량에 꼭 필요한 메모리폼 베개커버②

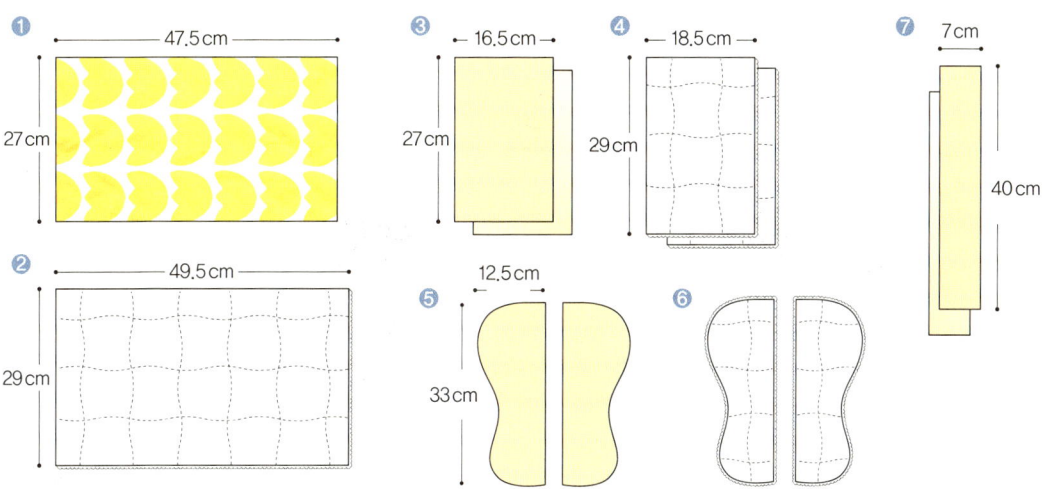

앞판, 뒤판, 옆판 만들기 ▲▲▲ ----------------------------------

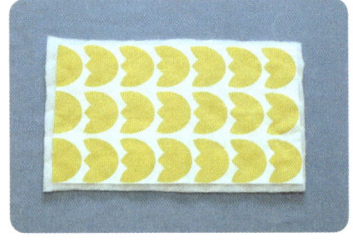

01 ①번 앞판을 ②번 앞판 패딩솜 위에 놓고 준비합니다.

02 전체를 0.3cm로 박음질합니다.

03 ③번 뒤판을 ④번 뒤판 패딩솜 위에 놓고 전체를 0.3cm로 박음질합니다.

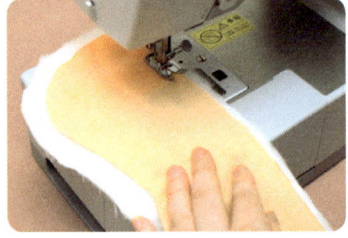

04 ⑤번 옆판도 ⑥번 옆판 패딩솜에 올려놓고 전체를 0.3cm로 박음질합니다(옆판 방향이 바꾸지 않도록 조심해주세요).

05 앞판을 오버로크 합니다.

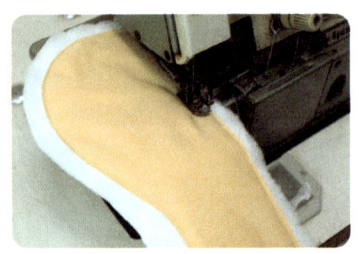

06 옆판을 오버로크 합니다.

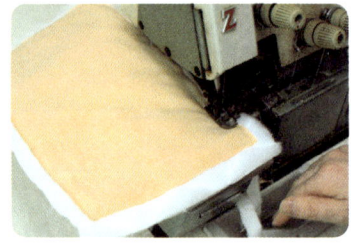

07 뒤판도 오버로크 합니다.

지퍼 연결하기 ▲▲▲ ----------------------------------

08 지퍼 노루발로 교체한 후 뒤판 겉에 지퍼 겉을 놓고 박음질합니다.

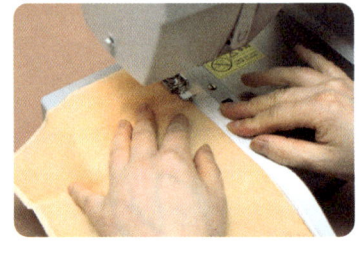

09 겉에서 0.5cm를 눌러 박음질합니다.

10 완성한 지퍼 겉쪽에 ③번 뒤판의 겉을 놓고 준비합니다.

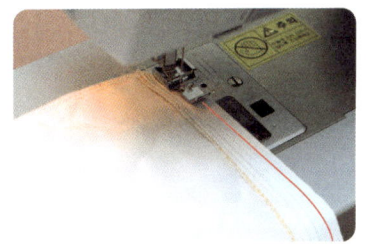

11 솜쪽 방향에서 세로 방향의 지퍼 중앙을 박음질합니다.

12 겉쪽에서 0.5cm를 눌러 박음질합니다.

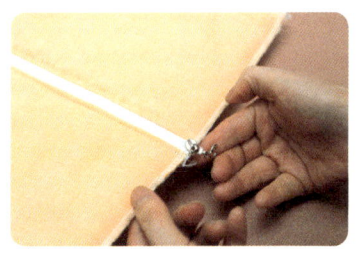

13 지퍼를 2cm 정도 가르고 슬라이더를 끼웁니다.

14 지퍼를 중앙까지 끼워줍니다.

15 라벨은 앞, 뒤, 옆판 원하는 곳에 달아주세요.

끈 만들기

16 ⑦번 끈을 양쪽 1.5cm로 접어 다려줍니다.

17 다시 반을 접어 다려줍니다.

18 끝을 1cm로 접어 다려줍니다.

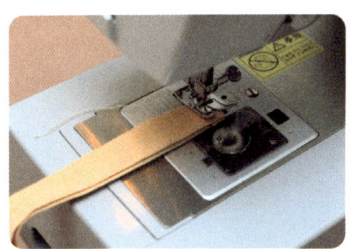

19 접은 끈을 끝부터 0.2cm로 박음질합니다.

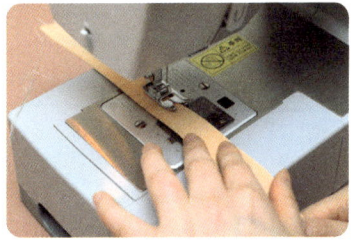

20 끈을 ㄱ자로 박음질합니다.

21 끈을 달기 위한 위치를 선정합니다. 반으로 접어서 중앙을 초크로 표시해줍니다.

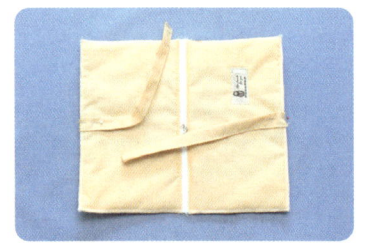

22 중앙선에 끈을 양쪽에 안쪽 방향으로 놓고 준비합니다.

23 양쪽 끈을 0.5cm로 양끝을 박음질합니다.

앞판, 뒤판, 옆판 연결하기 ▲▲▲

24 몸판 위에 뒤판 겉을 놓고 준비합니다.

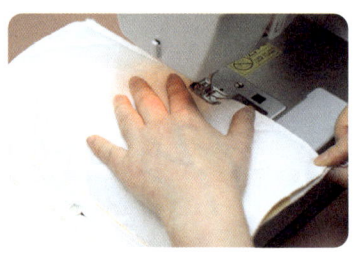

25 왼쪽을 먼저 0.7cm로 박음질합니다.

26 앞판에 뒤판을 맞추어서 준비합니다.

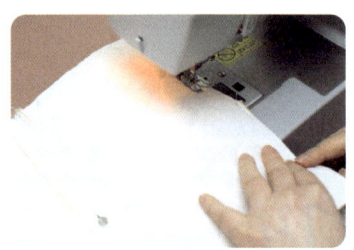

27 왼쪽을 0.7cm로 박음질합니다.

28 옆판 직선 쪽을 반으로 접어보고 중앙 위치를 표시해줍니다.

29 표시한 중앙선을 지퍼 중앙에 맞추어서 놓고 준비합니다.

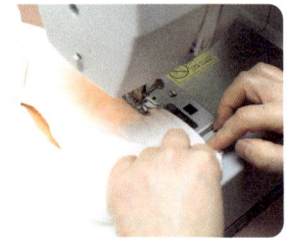

30 직선부터 0.7cm로 박음질을 시작합니다.

31 옆판 둥근 부분도 잘 맞추면서 박음질합니다.

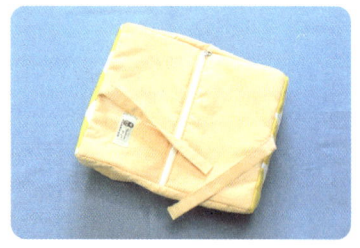

32 완성한 휴대용 메모리폼 필로우 커버② 뒷모습입니다.

33 휴대용 메모리폼 배게커버②를 완성한 앞모습입니다.

다른 원단!
또 다른 느낌!

핸드메이드의
로망
가방과 파우치

가방과 파우치는 핸드메이드를 사랑하는 사이에 가장 사랑받는 소품 중에 하나입니다. 특히 여성들에게 가장 많이 사용되는 파우치와 휴대용 가방들은 생활에서 빠져선 안 될 필수품들입니다. 심플 스타일 원단으로 개성 있는 파우치와 가방을 연출해보세요.

29

둥근 조리개파우치

29 둥근 조리개파우치

예상 재료비 | 약 10,000원
난이도 | ●●●○○ 완성 크기 | 17cm×10cm

▶▶ 재료

1 무늬 원단(겉감)
2 무지 원단(안감)
3 조리개지갑 원단
4 4온스 접착솜
5 바이어스 감, 단추 여밈 고리
6 조리개 끈(리본 끈 40cm) 2장
7 컬러 나무고리 2개
8 싸개단추 1개

▶▶ 재단하기

❶ 겉감(실물본 이용) 17.7cm×26.8cm 시접 포함 1장
❷ 안감(실물본 이용) 17.7cm×26.8cm 시접 포함 1장
❸ 조리개 지갑 25cm×35cm 1장
❹ 바이어스 75cm×3.5cm 1장

★ 실물본 5-29. 여성의 필수품 둥근 조리개파우치

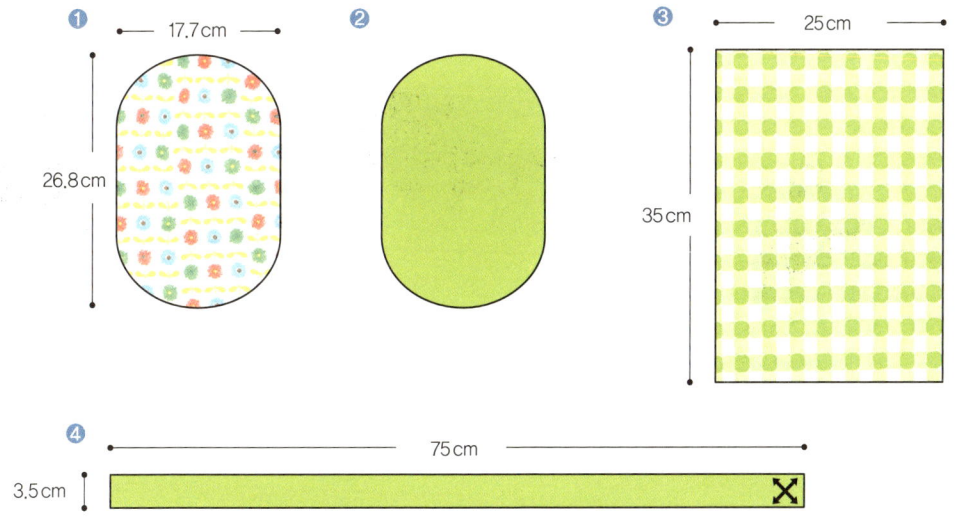

01 ②번 안감 원단에 실물본을 대고 패브릭펜(수성펜)으로 그려줍니다.

02 4온스 접착솜을 대고 다림질로 다려줍니다.

03 안감 실물본대로 남는 부분은 재단 가위로 잘라냅니다. 박음선이 잘리지 않게 주의하세요.

04 ③번 조리개 지갑 원단을 위, 아래 오버로크 처리합니다.

05 오버로크한 조리개 지갑 원단을 반으로 접어 3cm 띄우고 선을 그려줍니다.

06 양쪽에 1cm씩 시접선을 그려줍니다.

07 3cm를 띄우고 그려놓은 양 옆선을 박음질합니다.

08 가름솔로 시접 한쪽을 다려줍니다.

09 반대 쪽도 다려줍니다.

10 3cm 띄운 입구를 1.5cm가 되도록 반으로 접어줍니다.

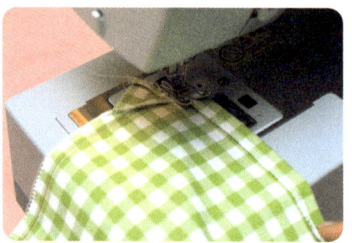

11 반으로 접어진 쪽 가장자리(오버로크 친 쪽)를 박음질합니다.

12 밑바닥 각을 2.5cm×2.5cm로 정사각형을 그려줍니다.

13 위쪽을 제외한 아래 각 4곳(앞2, 뒤 2)에 모두 동일하게 그려줍니다.

14 모서리 한쪽을 선이 보이도록 삼각 형으로 접어줍니다.

15 삼각형으로 접은 부분에 선을 따라 박음질합니다. 양쪽을 동일하게 삼 각 접기 하여 박음질합니다.

16 시접 0.3cm를 남기고 잘라냅니다.

17 안감을 만들어 놓은 곳에는 패브릭 펜으로 중앙을 표시해줍니다. 조리 개지갑 부분을 시접을 남기고 잘라 낸 중앙과 맞추어 놓습니다.

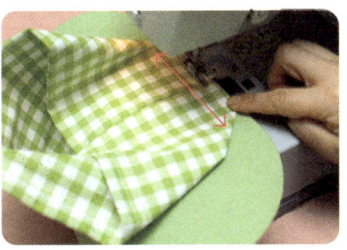

18 중앙과 맞춘 안감 부분의 접힌 부 분만 끝박음질합니다. 반대쪽도 동 일하게 박음질합니다.

19 겉감 안쪽과 안감 안쪽이 마주보게 놓습니다.

20 뒤집어서 겉감 쪽으로 다림질 해줍 니다.

21 실물본 모양의 안감에 맞추어 남는 원단을 잘라냅니다.

고리 만들기 ▲▲▲

22 싸개단추 여밈 원단(2cm×8cm)을 준비하여 반으로 접고 0.5cm선을 그려줍니다.

23 그려준 0.5cm 선을 2땀 수로 박음 질합니다.

24 시접을 0.3cm 남기고 가위로 잘라 냅니다.

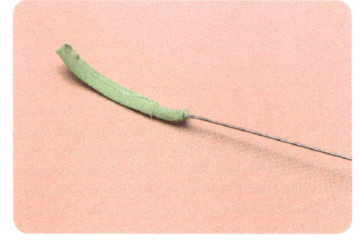

25 뒤집개를 이용하여 뒤집어 놓습니다.

26 겉쪽 끝 중앙에 고리를 접어 고정 합니다.

27 고리를 박음질합니다.

바이어스 싸고 리본 끈 넣기 ▲▲▲ ----------

28 안감 중앙부터 바이어스를 0.7cm 시접 간격으로 박음질합니다.

29 바이어스 마감은 사선으로 정리하 여 줍니다.

30 바이어스 끝을 삼각접기 하여 양쪽 을 90도로 꺾어 겉과 겉을 마주댑 니다.

31 재봉틀을 2땀으로 놓고 되돌아 박 지 말고 그냥 박음질합니다(2땀은 땀수가 촘촘하여 되돌아 박기를 하 지 않아도 됨).

32 시접을 남기고 잘라냅니다.

33 시접을 가름솔로 펴줍니다.

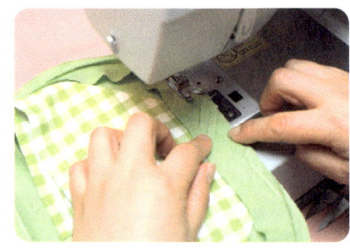

34 바이어스를 마무리하기 위해 박음질 하지 않았던 부분을 박음질합니다.

35 바이어스를 뒤집어 겉감 쪽으로 정 리하여 줍니다.

36 바이어스를 감싸 박음질을 합니다.

37 바이어스를 감싼 모습입니다.

38 안쪽 조리개 지갑 터널에 끈 끼우개를 이용하여 리본 끈을 넣어줍니다. 끈은 양쪽에서 잡아당기도록 겹치게 넣습니다.

39 하나는 왼쪽 방향으로 넣어서 되돌아와 왼쪽 방향으로 나오게 하고 오른쪽 방향으로 넣은 끈은 오른쪽 방향으로 나오게 하여 잡아당길 수 있게 합니다.

40 양쪽에 끈을 끼워준 모습입니다.

41 양쪽 리본 끈을 잡아당깁니다.

42 리본 끈 양쪽 마무리는 나무 고리를 이용하여 마무리 합니다.

43 겉감에 싸개단추를 달아줍니다.

44 둥근 조리개 파우치가 완성되었습니다.

다른 원단!
또 다른 느낌!

30

똑딱 프레임이 주는 빈티지한 멋

프레임 안경파우치

30 프레임 안경파우치

예상 재료비 | 약 15,000원
난이도 | ● ● ● ● ○   완성 크기 | 14cm×20cm

▶▶ 재료

1 코카 커트 원단(겉감 다섯 가지 원단)
2 20수 면 원단(안감)
3 2온스 접착솜(속지)
4 둥근 프레임

▶▶ 재단하기

① 겉감 하단 1 9cm×14.5cm 2장
② 겉감 하단 2 5.2cm×14.5cm 2장
③ 겉감 하단 3 5cm×14.5cm 2장
④ 겉감 상단 4 16.5cm×5cm 2장
⑤ 겉감 상단 5 16.5cm×6cm 2장
⑥ 안감 16.5cm×22.5cm 시접 별도 2장, 실물본
⑦ 속지 솜 18cm×24.5cm 2장

★ 실물본 5-30. 똑딱 프레임이 주는 빈티지한 멋 프레임 안경파우치

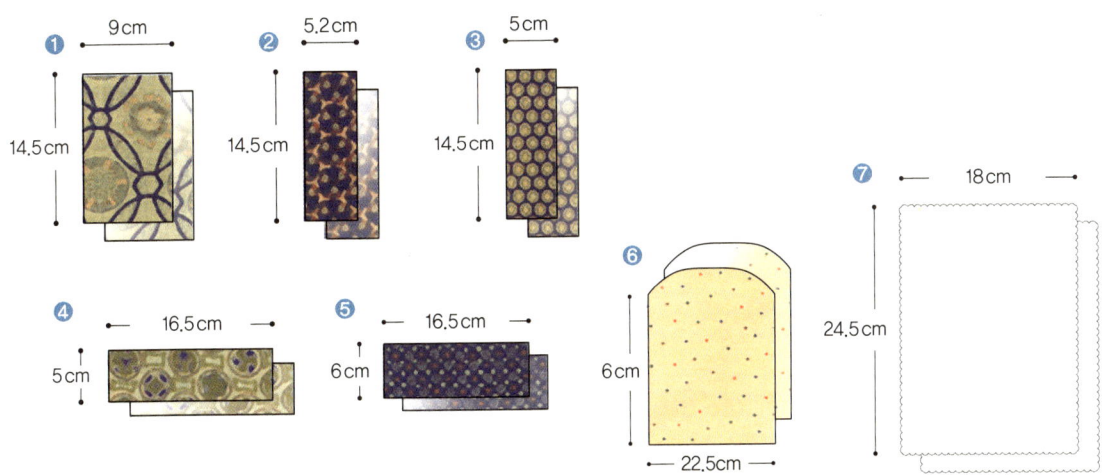

겉감 만들기 ▲▲▲ --

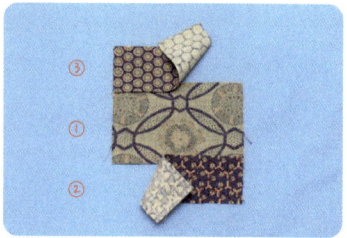

01 겉감 하단 ①~③번을 3장 준비합니다.

02 겉감 ①번 겉에 ②번 겉을 대고 0.7cm로 박음질합니다

03 ①번 겉에 ③번 겉을 대고 0.7cm로 박음질합니다.

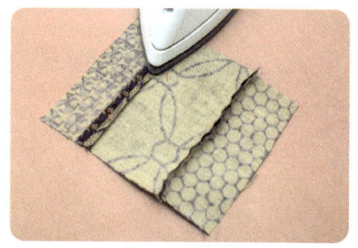

04 시접을 가름솔로 다려줍니다(반대쪽도 같은 방법으로 박음질).

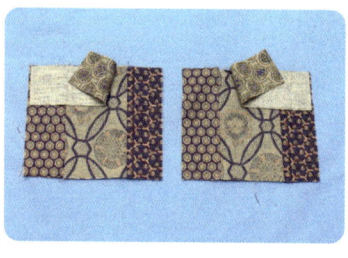

05 박음질한 겉감 하단 겉에 ④번 겉을 대고 준비합니다.

06 시접을 0.7cm로 박음질합니다.

07 시접을 가름솔로 다려줍니다.

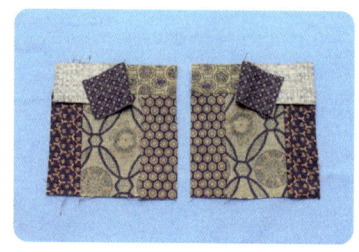

08 겉감 ④번 겉에 ⑤번 겉을 대고 준비합니다.

09 시접 0.7cm로 박음질합니다.

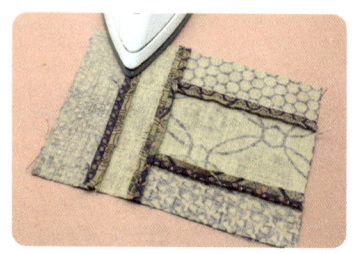

10 시접을 가름솔로 다려줍니다.

11 완성한 겉감 2장에 ⑥번 안감을 올려둡니다.

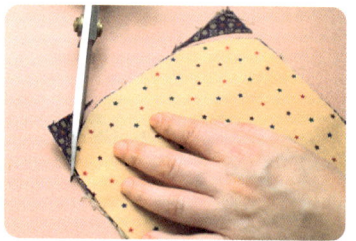

12 안감에 맞추어 모서리 부분을 동그랗게 잘라줍니다.

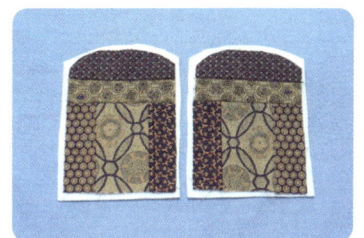

13 잘라준 겉감 2장에 ⑦번 속지 솜을 대고 준비합니다.

14 각각 다리미로 다려서 붙여줍니다.

15 둘레 0.2cm로 박음질합니다.

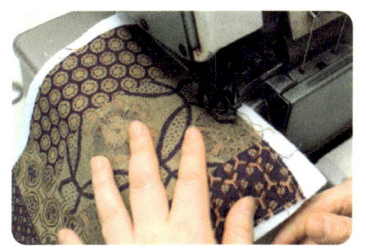

16 겉감에 맞추어서 오버로크합니다.

17 하단 가운데 중앙을 표시합니다.

18 초크를 이용하여 W모양으로 누빔 선을 그려줍니다.

19 누빔선을 따라 박음질합니다.

20 상단 ④번 겉을 0.2cm로 눌러 박 음질합니다.

21 상단 ⑤번도 같은 방법으로 눌러 박음질합니다.

겉감, 안감 연결하기 ▲▲▲ ----------

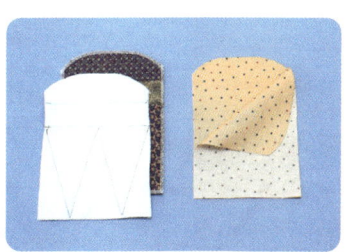

22 누비한 겉감 2장 겉끼리 놓고 안감 도 겉끼리 놓고 준비합니다.

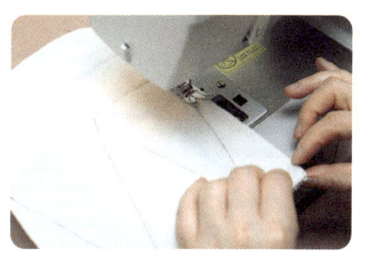

23 위쪽 동그란 부분을 제외하고 삼면 을 0.7cm로 박음질합니다.

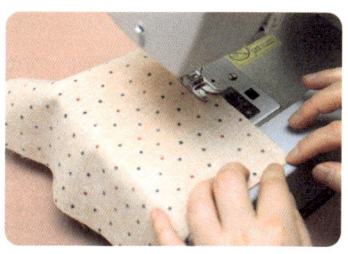

24 안감도 같은 방법으로 박음질합니다.

25 겉감 하단의 바닥에 3cm를 표시합니다.

26 안감도 3cm를 하단에 표시합니다.

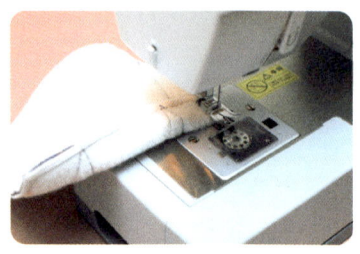

27 3cm 표시한 곳을 접은 후 양쪽 시접선을 따라 박음질합니다.

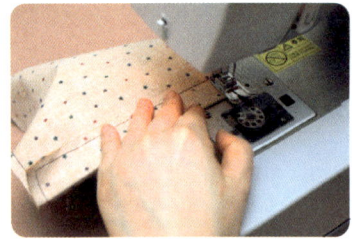

28 안감 바닥도 같은 방법으로 박음질합니다.

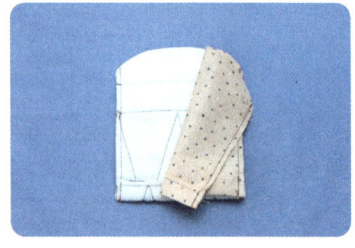

29 접은 바닥을 대고 준비합니다.

30 바닥 안감 상단 양쪽의 프레임을 끼울 위치에 5cm씩 표시합니다.

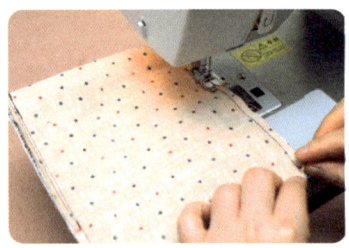

31 5cm를 남기고 시접선을 따라 양쪽 옆을 박음질합니다.

32 몸판 안감의 앞쪽 동그란 부분의 원단을 먼저 잡아줍니다.

33 앞쪽 원단을 잡고 겉감의 뒤쪽에 맞추어줍니다.

34 겉감 시접과 안감 시접을 겉끼리 맞춘 후 박음질을 준비합니다.

35 박음질을 하다가 끝나기 전 7cm 부분에서 창구멍을 남깁니다.

36 창구멍을 이용하여 전체를 뒤집어줍니다.

37 프레임을 잘 맞게 끼우기 위해 상
단을 다려줍니다.

38 재봉틀 판을 빼서 프레임에 파우
치를 끼운 후 창구멍부터 0.2cm로
상단 둘레를 박음질합니다.

39 둥근 프레임을 상단에 맞추어 끼워
줍니다.

40 투명실을 이용하여 옆부터 프레임
구멍에 맞추어 꿰매줍니다.

41 안감 쪽에서부터 0.2cm 옆 방향으
로 바늘을 꽂아 나온 구멍으로 프
레임을 꿰매줍니다.

42 프레임 안경 파우치가 완성되었습
니다.

31

연필꽂이와 수납을 하나에

필통파우치

31 필통파우치

예상 재료비 | 약 12,000원
난이도 | ● ● ● ● ○ **완성 크기** | 21cm×23cm
▶ **동영상** | 5-31. 필통파우치

▶▶ 재료

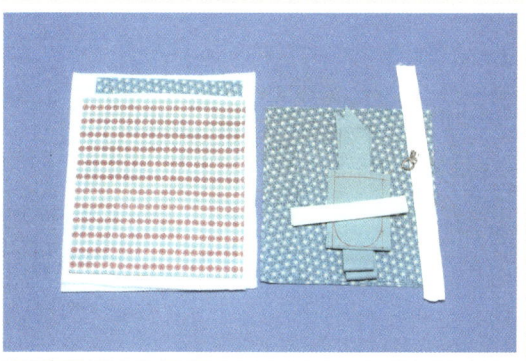

1 리넨 2종
 (겉감, 지퍼 주머니)
2 4온스 접착솜
3 30수 면 원단
4 지퍼, 슬라이드

▶▶ 재단하기

1 4온스 접착솜 22cm×24cm 1장
2 겉감 무늬 리넨 21cm×23cm 1장
3 지퍼 주머니 30수 면 21cm×22cm 1장
4 안감 30수 면 21cm×23cm 1장
5 펜꽂이 30수 면 16cm×20cm 1장(세로 20cm는 반으로 접어 10cm로 다림질)
6 밸크로 테이프 2cm×3cm 1장, 2cm×10cm 1장
7 여밈 5cm×10cm 시접 별도 2장
8 필통 겉감 26cm×19cm 1장
9 4온스 솜 27cm×20cm 1장
10 필통 안감 26cm×20cm 1장

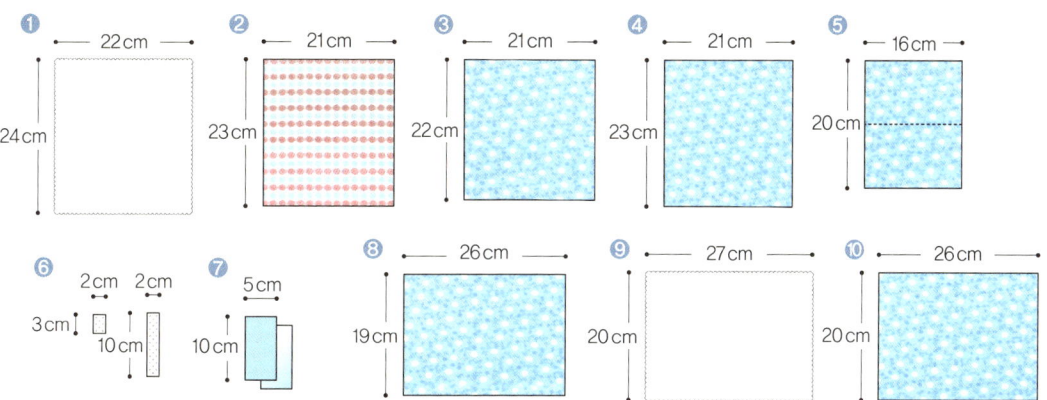

필통 겉면 만들기 ▲▲▲

01 ①번 4온스 접착솜에 ②번 겉감 무늬 리넨 원단을 올려놓습니다.

02 무늬 리넨을 4온스 접착솜과 함께 다림질합니다.

03 다림질한 후 원단에 맞추어 남은 솜을 잘라냅니다.

04 ③번 지퍼 주머니 원단의 양끝을 오버로크 처리합니다.

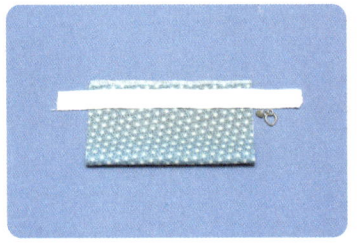

05 지퍼를 오버로크한 지퍼 주머니에 올려놓습니다.

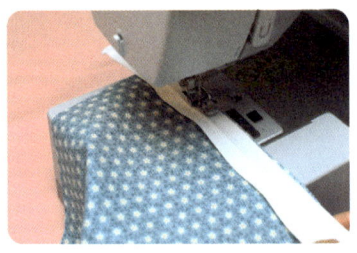

06 지퍼노루발로 교체한 후 원단 앞이 보이게 하고 지퍼는 안쪽 방향으로 덮어 오른쪽 끝을 박음질합니다.

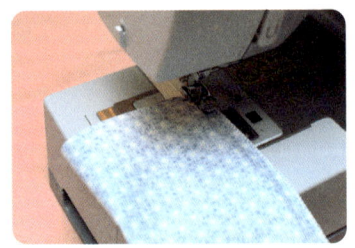

07 반대쪽을 접어서 겉과 겉이 마주보게 한 후 지퍼를 박음질합니다.

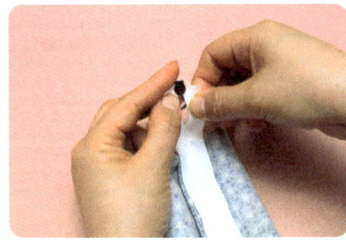

08 지퍼를 열어 슬라이드를 끼워준 후 뒤집어줍니다.

09 뒤집은 후에 남은 지퍼 양끝을 잘라 정리하여 줍니다.

10 ④번 안감을 준비한 후 한쪽 끝 부분에 지퍼 주머니를 올려놓고, 평노루발로 교체한 후 지퍼 전체(네 면)를 박음질합니다.

11 ⑤번 펜꽂이 원단을 반으로 접어 10cm가 되게 만들어 놓고 한쪽 끝에 시접 0.7cm 선을 그어줍니다.

12 반으로 접은 펜꽂이 원단의 한쪽 끝을 0.7cm로 그려놓은 시접을 박음질합니다.

13 모서리 부분을 손끝으로 잡고 뒤집어준 후 다림질로 펴줍니다.

14 안감에 중앙선을 표시한 후 2cm 띄우고 지퍼 주머니 반대쪽 아래에 놓습니다.

15 오른쪽 끝을 0.3cm 간격을 주고 박음질합니다.

16 꽂으려는 펜의 굵기에 맞춰 표시합니다.

17 펜 굵기에 맞게 접어줍니다.

18 접은 부분을 박음질합니다.

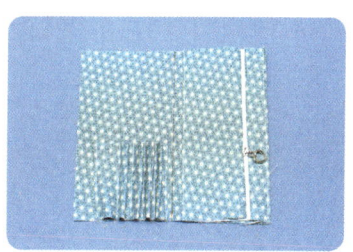

19 같은 방법으로 펜 4개를 꽂을 수 있게 박음질한 모습입니다.

20 안감 안쪽 중앙에 ⑥번 벨크로 테이프를 올려놓습니다.

21 가장자리를 돌려가며 벨크로 테이프를 박음질합니다.

22 겉감 겉쪽은 위에서 4cm 떨어진 중앙 위치에 벨크로 테이프를 올려 준비합니다.

23 겉감 겉쪽에 벨크로 테이프를 박음질합니다.

24 겉감과 안감을 올려놓고 준비합니다.

25 겉감과 안감을 끝박음질로 4면 모두 박음질합니다.

26 펜꽂이 부분은 쪽가위나 송곳을 눌러가며 박음질합니다.

27 박음질 후 네모서리는 둥글게 잘라냅니다.

여밈 만들기

28 ⑦번 여밈 원단을 반으로 접어 5×10cm 직사각형을 그린 후 D모양으로 그립니다.

29 그린 원단을 펼친 뒤 겉쪽 3cm 위쪽 중앙에 맞춰 벨크로 테이프를 박음질합니다.

30 다시 접은 후 솜을 댑니다.

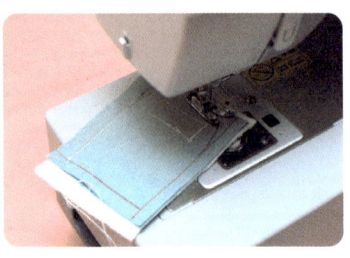

31 그린 선을 모양대로 솜과 함께 박음질합니다.

32 박음질한 여밈은 시접을 0.5cm 남기고 잘라냅니다.

33 솜은 더 바짝 잘라내고 뒤집어 줍니다.

34 앞서 만들어놓은 몸판의 겉쪽 중앙의 끝에 위치합니다.

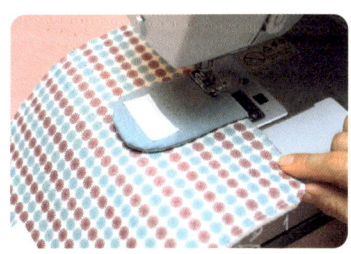

35 몸판 겉쪽 방향에 올려놓은 덮개를 박음질합니다.

36 3.5cm 폭 바이어스를 안쪽부터 올려놓고 준비합니다.

37 바이어스는 전체 네 면을 돌려가며 박음질합니다.

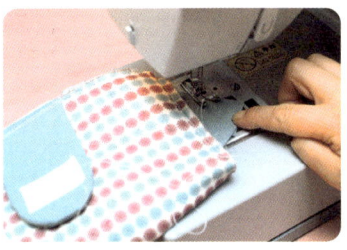

38 바이어스 끝처리는 사선박기로 마무리합니다(또 다른 마무리 방법 33쪽 참고).

39 바깥쪽으로 뒤집어 바이어스를 마무리합니다.

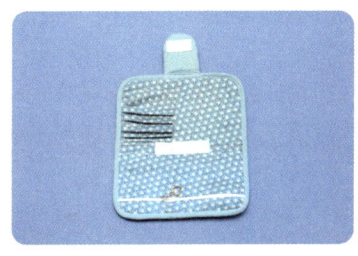

40 바이어스가 마무리된 모습입니다.

41 필통 겉판을 완성하였습니다.

필통 안감 만들기 ▲▲▲

42 ⑧번 필통 겉감에 ⑨번 4온스 솜을 대고 다립니다.

43 솜을 겉감에 맞게 잘라냅니다.

44 겉감 양쪽(26cm)에 바이어스를 안쪽에 대고 바이어스를 박음질합니다.

45 겉쪽에서 바이어스를 두 번 접어 박음질합니다.

46 반대편도 동일하게 바이어스를 박음질합니다.

47 지퍼노루발로 교체한 후 바이어스 싼 곳에 지퍼를 박음질합니다.

48 반대쪽도 지퍼를 갈라서 박음질합니다.

49 슬라이드를 끼워줍니다(슬라이드는 양쪽으로 2개 끼워줍니다).

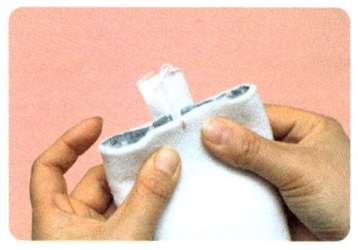

50 지퍼 기준으로 반 접은 후, 원단 중앙에 수성펜으로 표시합니다. 지퍼 중앙과 원단 중앙을 표시한 부분을 맞대어 시침핀으로 고정합니다. 반대쪽도 동일하게 표시해줍니다.

51 시침핀으로 고정한 곳을 시접 1cm를 두고 양쪽 모두 박음질합니다.

52 벨크로 테이프를 필통 겉쪽 중앙에 대고 고정합니다.

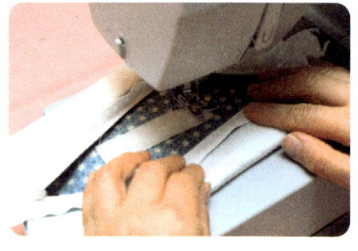

53 벨크로 테이프를 박음질합니다.

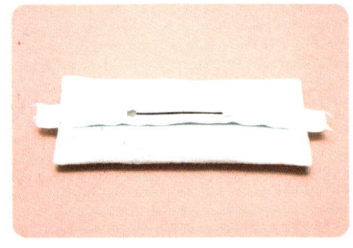

54 필통 네 면을 2cm×2cm로 정사각형을 표시합니다. 앞뒤로 표시합니다. 이때 양 옆에 나온 지퍼는 필통 크기에 맞춰 잘라줍니다.

55 네 면의 각을 각각 삼각접기로 접어 박음질합니다.

56 ⑩번 필통 안감 양쪽 끝을 0.7cm로 접어 다립니다.

57 뒤집어서 중앙을 표시하고

58 양옆을 중앙에서 0.5cm를 띈 후 접어서 다려줍니다.

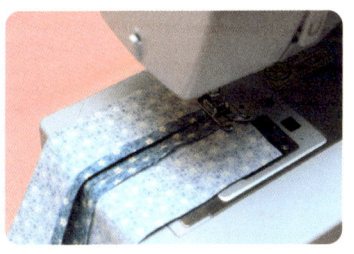

59 양쪽 끝을 1cm씩 박음질합니다.

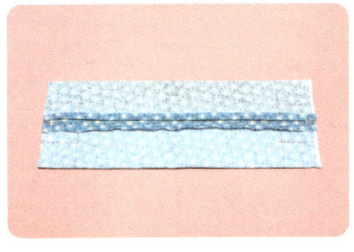

60 앞뒤로 네 면에 각각 2cm×2cm 로 각을 표시해줍니다.

61 표시해준 네 면의 각을 삼각접기 합니다.

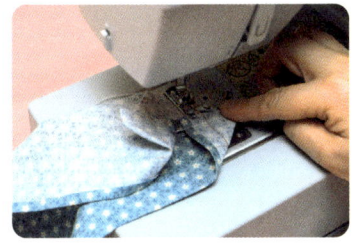

62 네 면의 각을 삼각접기하여 박음질 합니다. 시접은 아래로 향하게 하 고 4cm가 그려진 선을 따라 박음 질합니다.

63 박음질한 후 삼각형 부분을 1cm 남기고 잘라냅니다.

64 뒤집어서 만들어 놓은 필통 겉감 속에 넣어 잘 맞게 정리하여 넣어 줍니다.

65 공그르기로 겉감과 안감을 바느질 합니다.

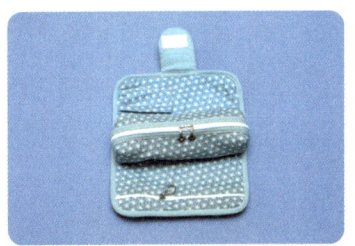

66 필통 겉감 안쪽에 만들어 놓은 필 통을 벨크로 테이프에 붙입니다.

67 여밈을 닫아줍니다. 2중 수납필통 이 완성되었습니다.

가방에 걸어 사용하는

핸드폰파우치

32 핸드폰파우치

예상 재료비 | 약 8,000원
난이도 | ●●○○○　　**완성 크기** | 12cm×15cm
▶ **동영상** | 5−32. 핸드폰파우치

▶▶ 재료

1 30수 무늬 원단(겉감)
2 2온스 접착솜(겉감 속지, 앞여밈 속지)
3 아지미노 청색 원단 (안감, 앞여밈, 고리)
4 블랙 벨크로 2.5cm×2cm(폭)
5 열쇠고리
6 단추

▶▶ 재단하기

❶ 겉감(무늬 원단) 14cm×33cm 1장
❷ 겉감 속지 솜 16cm×35cm 1장
❸ 앞여밈감(아지미노 청색 원단) 5cm×10cm 2장
❹ 앞여밈감(아지미노 청색 원단) 솜 3cm×10cm 1장
❺ 고리감 5cm×3.5cm 1장
❻ 안감 14cm×33cm 1장

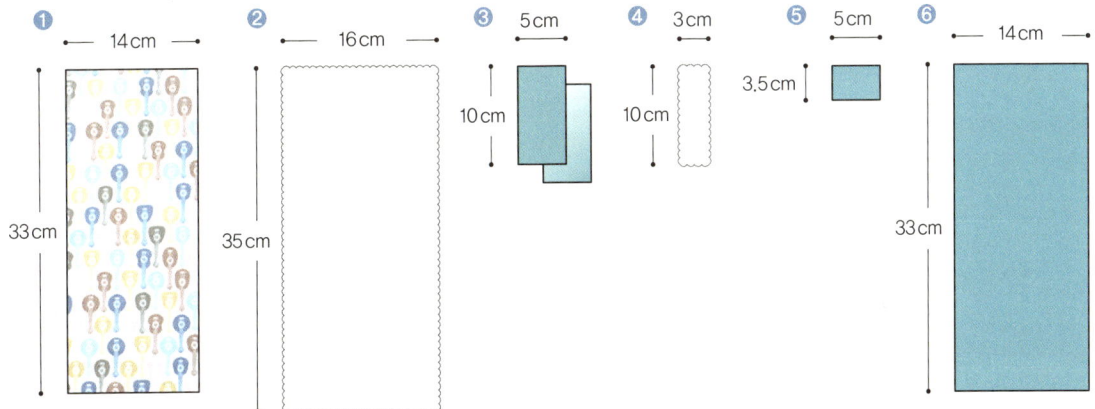

TIP　개인 핸드폰 사이즈에 길이를 조율해서 만들어줍니다.

겉감 만들기 ▲▲▲ –

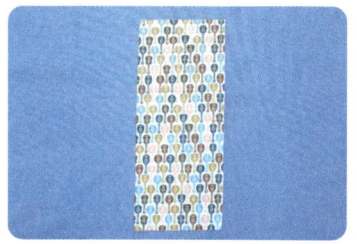

01 ①번 겉감을 준비합니다.

02 ②번 속지 솜에 ①번 겉감을 놓고 다려줍니다.

03 둘레 4면을 0.2cm로 박음질합니다.

04 박음질한 후 남는 솜은 가위로 잘라줍니다.

앞 여밈 만들기 ▲▲▲ –

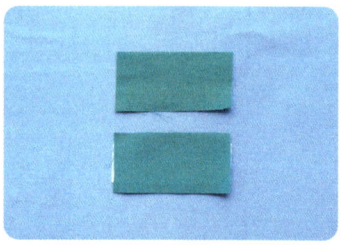

05 ③번 앞 여밈감 2장을 준비합니다.

06 앞 여밈감 한 장에 ④번 앞여밈 감 솜을 대고 다려줍니다.

07 솜 있는 원단을 밑에 놓고 위에 한 장을 놓고 0.7cm로 위를 제외하고 ㄷ자로 박음질합니다.

08 박음질한 ㄷ자 모양의 모서리를 사선으로 잘라줍니다.

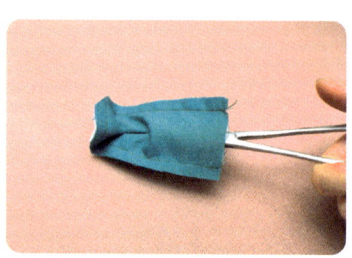

09 뒤집개를 이용하여 뒤집어줍니다.

10 뒤집은 후 다리미로 다려줍니다.

11 여밈감 하단에 벨크로 부드러운 쪽을 놓습니다.

12 벨크로 테이프를 둘레 0.2cm로 박음질합니다.

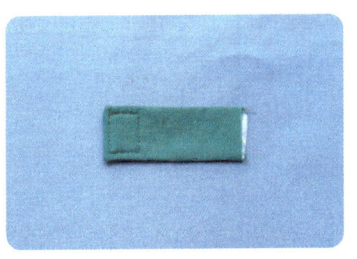

13 벨크로 테이프를 박음질한 모습입니다.

14 벨크로 테이프를 박음질한 뒷면에 단추를 꿰매어줍니다.

15 앞 여밈감에 단추를 달아준 모습입니다.

고리 만들기 ▲▲▲

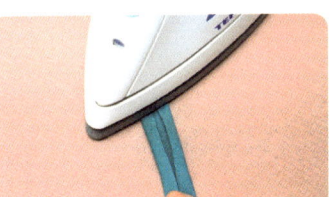

16 ⑤번 고리감을 양쪽 0.5cm씩 접어 다려줍니다.

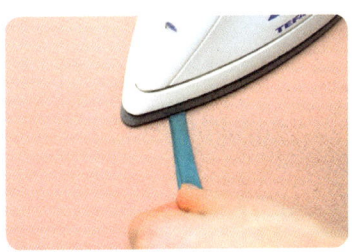

17 ⑤번 고리감을 반을 접어 다려줍니다.

18 고리감의 오른쪽 끝을 0.2cm로 박음질합니다.

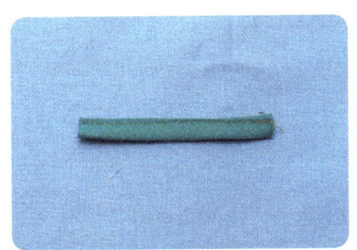

19 고리감을 박음질한 모습입니다.

20 박음질한 고리감에 열쇠고리를 끼워줍니다.

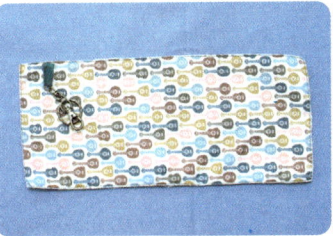

21 몸판 상단 오른쪽 위 2.5cm 지점에 열쇠고리감을 사선으로 놓습니다.

22 고리감을 시접 0.2cm로 박음질합니다.

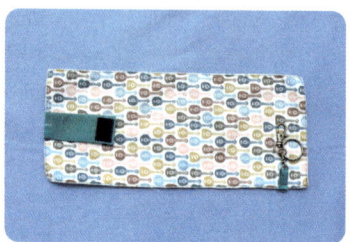

23 박음질한 고리감 반대편의 중앙에 앞 여밈 감을 놓고 준비합니다.

24 올려놓은 앞 여밈감의 오른쪽을 시접 0.2cm로 박음질합니다.

겉감, 안감 연결하기 ▲▲▲ ─────────────

25 완성한 겉감 위에 ⑥번 안감을 놓고 준비합니다.

26 안감을 대준 모습입니다. 이때 옆쪽에 창구멍을 7cm 표시합니다.

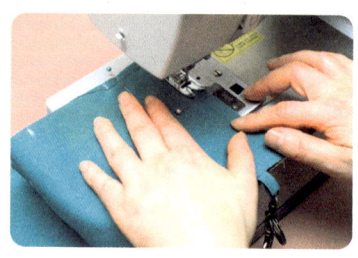

27 창구멍을 남기고 둘레 0.7cm로 박음질합니다.

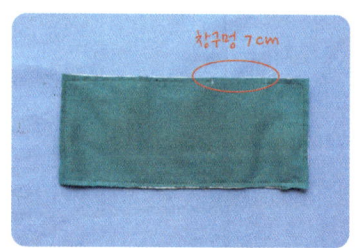

28 창구멍을 남기고 박음질한 모습입니다.

29 네 모서리는 사선으로 잘라줍니다.

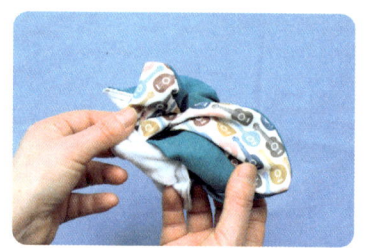

30 창구멍을 이용해 뒤집어줍니다.

31 다리미로 전체를 다려줍니다.

32 앞 여밈감 밸크로 테이프를 중앙에 맞추어서 거친 쪽 방향으로 놓습니다.

33 거친 밸크로 테이프 면을 0.2cm로 박음질합니다.

34 위쪽에서 오른쪽 옆 방향에 1.5cm 를 표시합니다.

35 1.5cm 표시 선부터 양옆을 0.3cm 로 눌러 박음질합니다. 창구멍은 이때 함께 박음질합니다.

36 양옆을 눌러 박음질한 모습입니다.

37 가방걸이용 핸드폰 파우치가 완성 되었습니다.

다른 원단!
또 다른 느낌!

33

핸드메이더의 필수품

휴대용 바느질함

33 휴대용 바느질함

예상 재료비 | 약 10,000원
난이도 | ●●●●● 완성 크기 | 18cm×15cm

▶▶ 재료

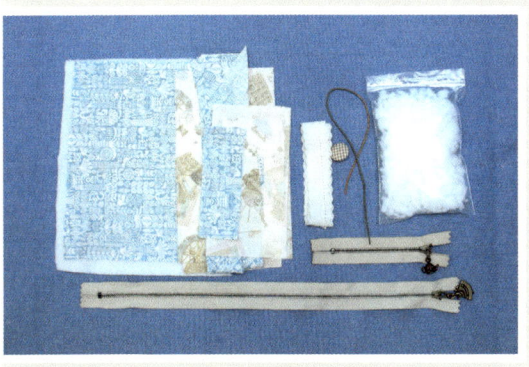

1 30수 원단 아이보리색
2 30수 원단 하늘색
3 방울솜 조금
4 30cm 퀼트 지퍼
5 10cm 퀼트 지퍼
6 싸개단추
7 오시도리 끈 30cm
8 4온스 접착솜
9 다이아 레이스 40cm

▶▶ 재단하기

❶ 겉감 중앙(아이보리색) 18cm×10cm 1장
❷ 겉감 위, 아래(하늘색) 18cm×4.5cm 2장
❸ 속지 핀쿠션(아이보리색) 10cm×6.5 1장
❹ 속지 옷핀꽂이(아이보리색) 8cm×4.5cm 1장
❺ 속지 바늘꽂이(아이보리색) 8cm×15cm 1장
❻ 속지(하늘색) 18cm×15cm 1장
❼ 속 지퍼 하단(아이보리색) 15cm×11.5cm 1장
❽ 속 지퍼 위판(아이보리색) 15cm×3.5cm 1장
❾ 겉감 지퍼 뒷부분(하늘색) 7cm×40cm 1장
❿ 바이어스(하늘색) 80cm×3.5cm (사선 재단)
⓫ 쪽가위집(하늘색) 4cm×11cm 2장

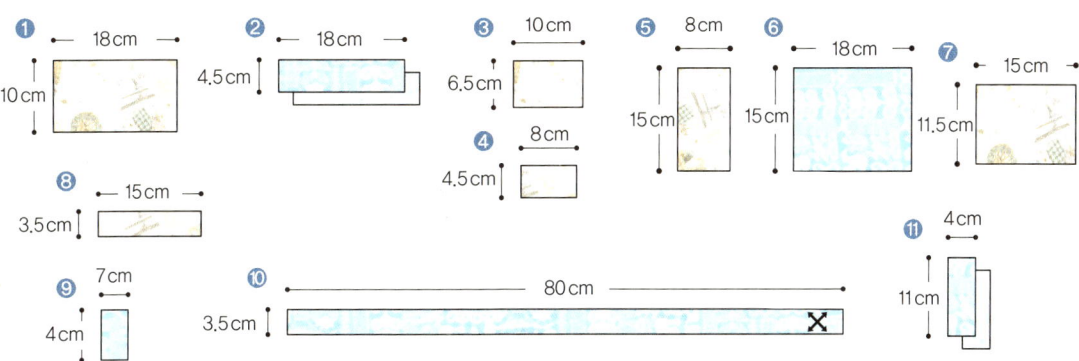

겉감 만들기 ▲▲▲

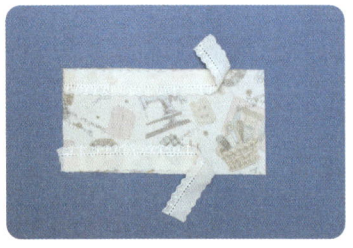

01 겉감 중앙 원단 ①번 겉감 중앙 원단에 다이아 레이스를 겉끼리 마주보게 올려놓고 준비합니다.

02 다이아 레이스에 보이는 선을 따라 위, 아래를 박음질합니다.

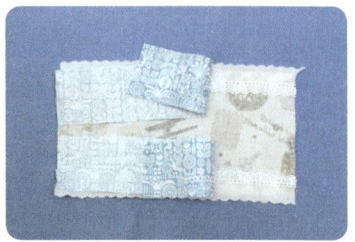

03 겉감 중앙에 ②번 겉감 원단을 위, 아래를 겉끼리 마주보게 하여 위쪽과 아래로 올려놓고 준비합니다.

04 겉감 원단을 0.7cm 간격으로 위쪽과 아래를 박음질합니다.

05 시접을 안쪽으로 하여 겉감 쪽에서 다려줍니다.

06 4온스 접착솜을 대고 다려줍니다.

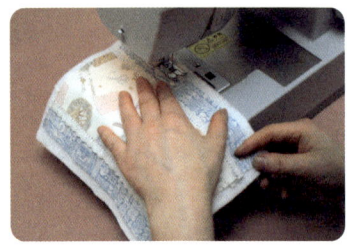

07 접착솜을 대고 다린 원단을 전체 0.2cm로 박음질합니다.

08 가운데를 0.3cm로 눌러 박음질을 합니다.

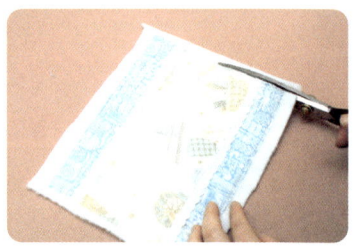

09 남는 솜을 잘라줍니다.

핀쿠션, 옷핀꽂이, 바늘꽂이 만들기 ▲▲▲

10 속지 ③~⑤번을 각각 반으로 접어 다린 후 준비합니다.

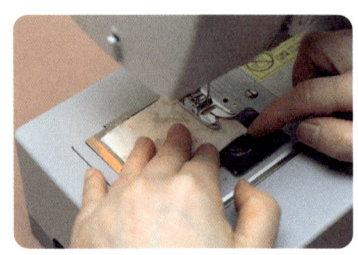

11 ③번 속지 핀쿠션의 창구멍을 남기고 0.7cm로 박음질합니다.

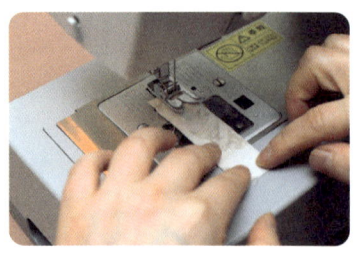

12 ④번 속지 옷핀꽂이를 ㄱ자 모양으로 0.7cm 박음질합니다.

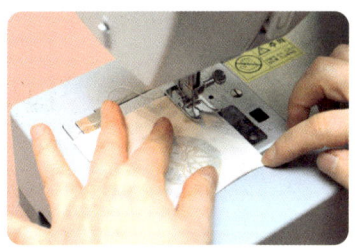

13 ⑤번 속지 바늘꽂이의 한쪽을 0.7 cm로 박음질합니다.

14 속지 핀쿠션은 모서리를 사선으로 자르고 창구멍을 뒤집어줍니다.

15 뒤집은 속지 핀쿠션을 다려줍니다.

16 속지 옷핀꽂이도 모서리는 사선으로 자릅니다.

17 뒤집개를 이용하여 뒤집어줍니다.

18 뒤집은 속지 옷핀꽂이도 다려줍니다.

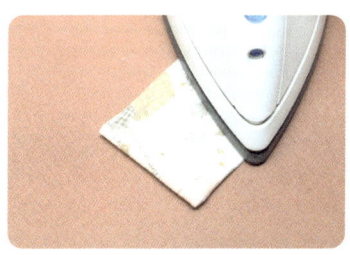

19 바늘꽂이도 박음질한 부분을 뒤집어서 다려줍니다.

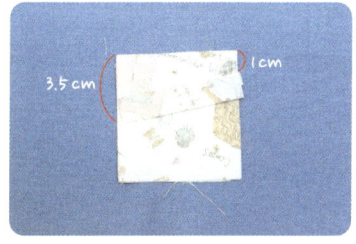

20 왼쪽 3.5cm, 오른쪽 1cm를 남기고 바늘꽂이(사진처럼 표시)를 사선으로 놓고 준비합니다.

21 양끝을 0.2cm로 박음질합니다.

22 ⑥번 속지를 준비합니다.

23 ⑥번 속지에 오른쪽 위 2cm를 표시합니다.

24 표시한 선에 핀을 꽂고 준비합니다.

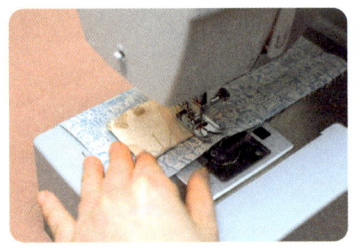

25 방울솜 넣을 창구멍을 남긴 후 0.2 cm로 박음질합니다.

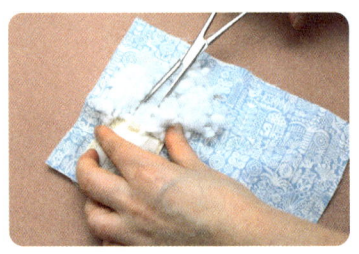

26 창구멍에 방울솜을 넣어준 후

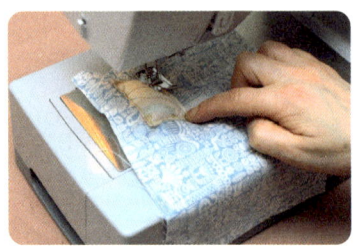

27 창구멍을 0.2cm로 박음질합니다.

28 속지 핀쿠션 하단에 바늘꽂이를 놓고 준비합니다.

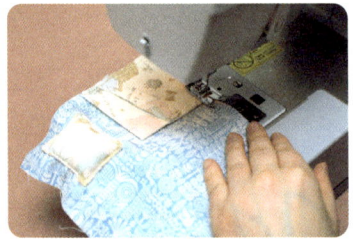

29 위쪽을 제외하고 바깥쪽 옆, 하단을 0.2cm 간격으로 박음질합니다.

30 남은 왼쪽 옆까지 0.2cm 간격으로 박음질합니다. 핀쿠션과 옷핀꽂이, 바늘꽂이를 완성합니다.

속주머니 만들기 ▲▲▲ --------------------------------

31 ⑦번 속 지퍼 하단을 반으로 접어 준비합니다.

32 반으로 접은 선을 따라 다림질하여 다려줍니다.

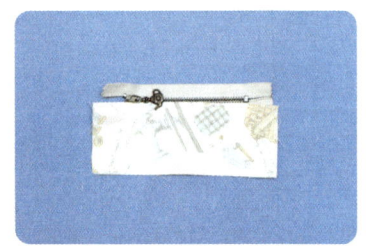

33 속 지퍼 하단에 10cm 퀼트 지퍼를 밑에 넣고 핀을 꽂아 고정합니다.

34 지퍼노루발로 교체한 후 하단을 0.3cm로 눌러 박음질합니다.

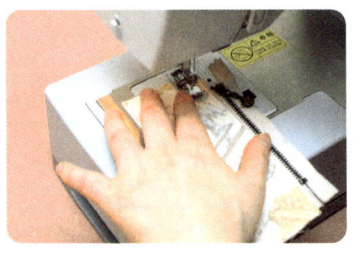

35 박음질한 밑을 0.5cm로 다시 한 줄을 박음질합니다.

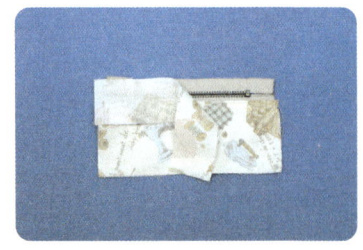

36 속 지퍼 하단에 ⑧번 속 지퍼 위판을 겉끼리 마주 놓고 준비합니다.

37 지퍼의 가운데 부분을 박음질합니다.

38 다시 지퍼의 위판 겉을 0.3cm로 눌러 박음질합니다.

39 지퍼 위판을 안으로 1cm 접어 다려줍니다.

40 만들어진 속지 왼쪽에 8.5cm를 표시합니다.

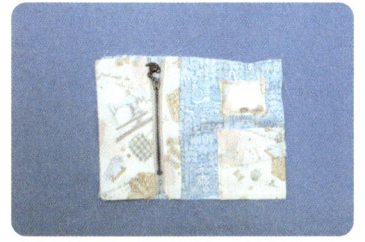

41 만들어진 지퍼를 속지 왼쪽에 놓고 준비합니다.

42 평발로 교체한 후 지퍼 위판을 0.3cm로 박음질하여 속지와 연결합니다.

겉감 속지 연결하기 ▲▲▲ ─ ─ ─ ─ ─ ─ ─ ─ ─

43 완성한 겉감에 속지를 안쪽으로 마주 놓고 준비합니다.

44 전체를 0.2cm로 박음질합니다.

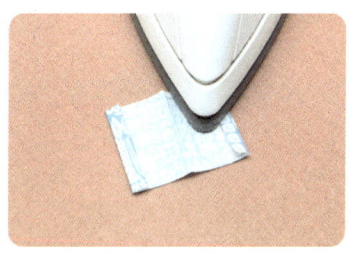

45 ⑨번 겉감 지퍼 뒷부분의 양쪽을 0.7cm로 다려줍니다.

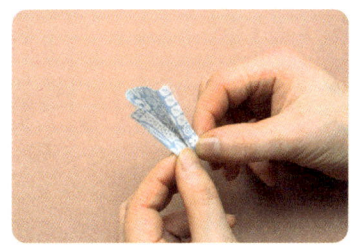

46 다시 반을 접어 다려줍니다.

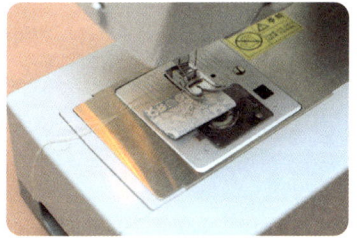

47 겉끼리 놓고 양쪽 옆을 0.7cm로 박음질합니다.

48 뒤집개를 이용하여 뒤집어줍니다.

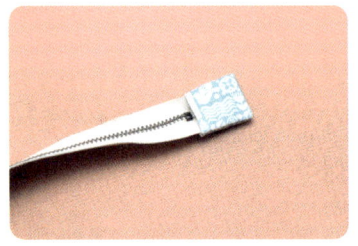

49 겉감 지퍼 뒷부분을 30cm 퀼트 지퍼 뒤에 끼웁니다.

50 삼각형 모양으로 박음질합니다. 이때 송곳을 이용하여 박음질합니다.

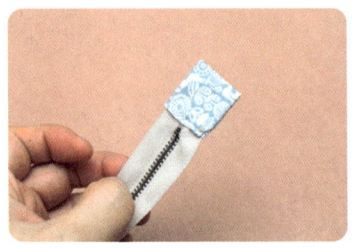

51 삼각형 모양으로 박음질한 모습입니다.

52 네 면의 꼭지점을 가위로 둥글게 잘라줍니다.

바이어스 싸기 -

53 연결한 ⑩번 바이어스를 속지 쪽의 옆쪽부터 3cm를 남기고 박음질을 시작합니다.

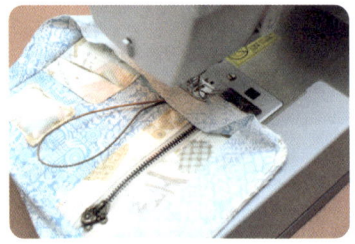

54 바이어스를 싸주면서 중앙에 오시도리 끈(30cm)을 반으로 접어 끼워주고 바이어스를 마무리합니다.

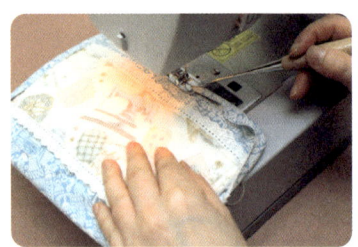

55 바이어스를 겉감 쪽으로 두 번 접은 후 송곳으로 누르면서 박음질합니다.

겉감에 지퍼 연결하기 ▲▲▲ ------------------------------

56 본판 중앙에 2cm를 표시하고 30cm 퀼트 지퍼를 가립니다.

57 가른 지퍼를 핀으로 꽂고 양쪽을 송곳으로 누르면서 박음질합니다.

58 위 중앙에 바느질로 싸개단추를 답니다.

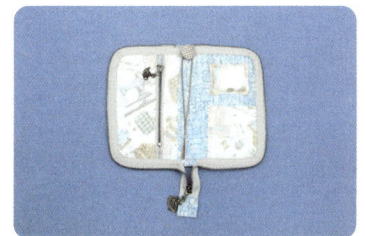

59 싸개단추를 달아준 모습입니다.

쪽가위 주머니 만들기 ▲▲▲ ------------------------------

60 ⑪번 쪽가위집(4cm×11cm) 2장을 준비하여 반으로 접어줍니다.

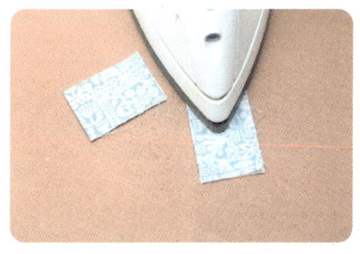

61 반을 접은 후 다리미로 다려줍니다.

62 도안을 대고 모서리 부분을 둥글게 그려줍니다.

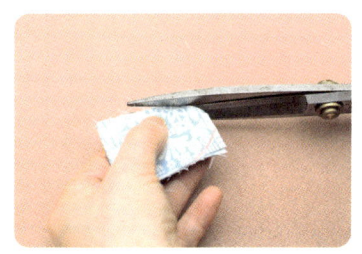

63 둥근 부분을 재단가위로 잘라줍니다.

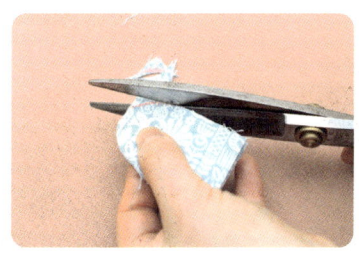

64 남은 한 장도 동일하게 만들어 잘라줍니다.

65 0.5cm로 위를 제외하고 둥글게 박음질합니다.

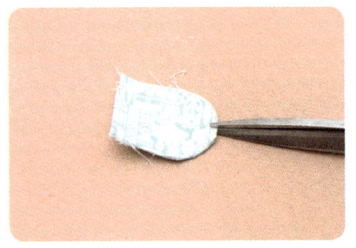

66 둥근 부분에는 가윗밥을 줍니다.

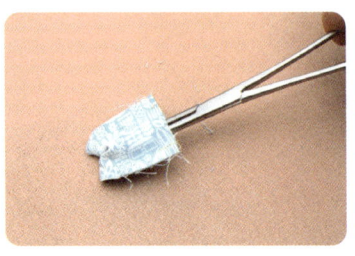

67 뒤집개를 이용하여 뒤집어줍니다.

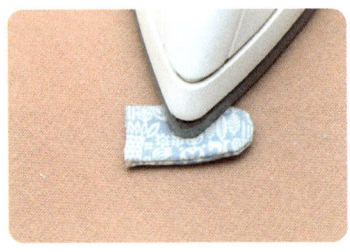

68 마지막으로 다리미로 잘 다려줍니다. 쪽가위를 넣어보세요.

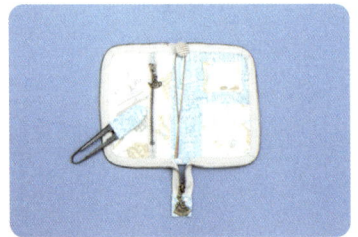

69 휴대용 바느질함과 쪽가위 주머니가 완성되었습니다.

카드지갑 또는 여권지갑 만들기

사이즈를 좀 더 키우고 양쪽에 주머니를 단 후 시중에서 판매하는 케이스를 구입하여 지갑이나 여권지갑을 만들어 보세요. 휴대용 바느질함을 응용하면 이런 카드 지갑 종류는 쉽게 만들 수 있습니다.

선염원단 겉감 | 18cm×7cm 2장
속지 | 13cm×13cm 2장
무지 원단 겉감 | 18cm×13cm 1장
2온수 접착솜 | 19cm×14cm 1장
레이스 | 19cm
판매용 속지

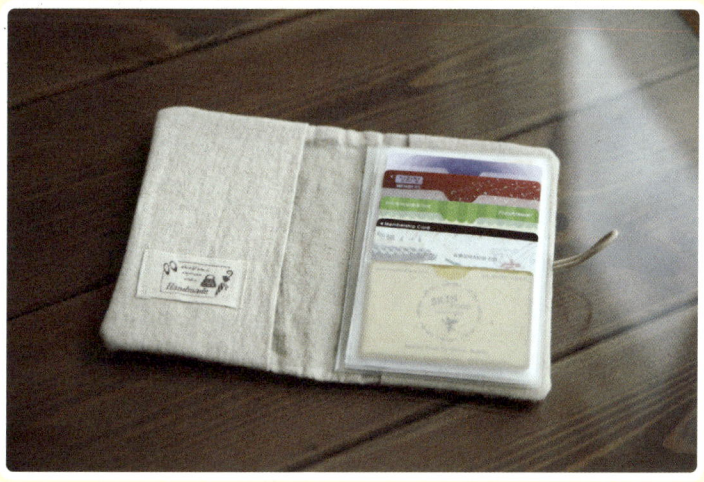

자주 사용하는 소품을 담는

퍼프바구니

34 퍼프바구니

예상 재료비 | 약 10,000원   **난이도** | ● ● ○ ○ ○
완성 크기 | 지름 18cm, 높이 8cm

▶▶ 재료

1 무늬 원단
2 무지 원단
3 바닥 재료 지름 33cm(실물본)
4 구름솜

▶▶ 재단하기

❶ 무늬 겉감, 무지 안감 20cm×20cm 1장씩
❷ 무늬 겉감, 무지 안감 40cm×40cm 1장씩

★ 실물본 5-34. 자주 사용하는 소품을 담는 퍼프바구니

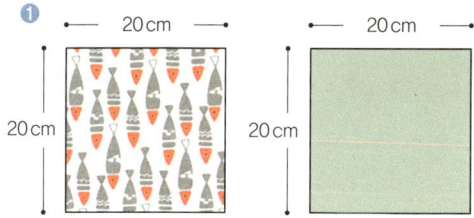

❶
20cm
20cm
20cm
20cm

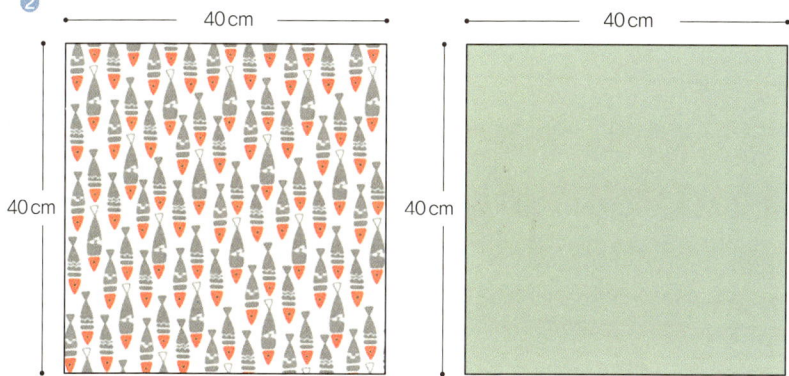

❷
40cm
40cm
40cm
40cm

바닥 만들기 ▲▲▲ ----------

01 ①번 무늬 안감과 ①번 무지 겉감의 겉을 마주보게 놓고 지름 18cm 원을 그립니다.

02 창구멍을 3~4cm 정도 남깁니다.

03 창구멍을 남기고 박음질합니다.

04 시접 0.7cm를 남기고 잘라냅니다.

05 돌려가며 가윗밥을 줍니다.

06 창구멍을 통해 뒤집어줍니다.

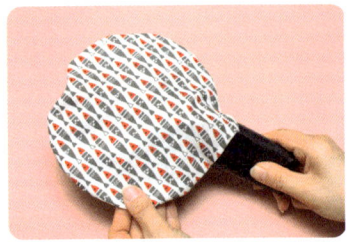

07 지름 18cm로 잘라놓은 바닥 재료를 창구멍을 통해 접어서 넣어준 후 잘 펴줍니다.

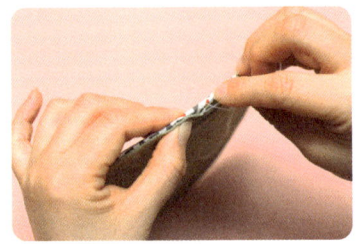

08 창구멍을 공그르기로 막아줍니다.

기둥 만들기 ▲▲▲ ----------

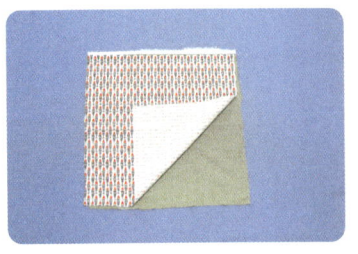

09 ②번 무늬 안감과 ②번 무지 겉감을 속이 마주보게 놓아 준비합니다.

10 실물본대로 컴퍼스를 이용하여 12등분으로 나누어 그려줍니다.

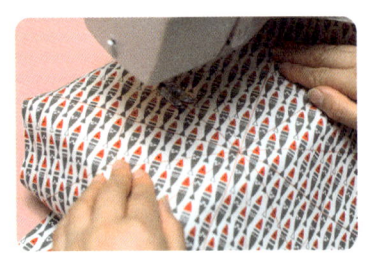

11 12등분을 모두 박음질합니다.

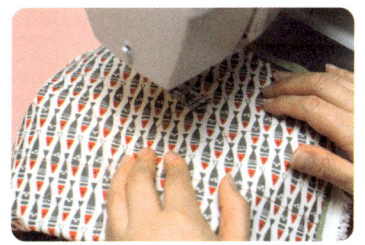

12 중앙 18cm의 원 모양도 박음질합니다.

13 모두 박음질한 후 큰 원에 맞추어 잘라냅니다.

솜 넣고 마무리하기 ▲▲▲ ----------------------

14 12개의 기둥이 될 곳에 솜을 넣어줍니다.

15 각각 솜을 적당히 채워줍니다.

16 솜을 모두 채웁니다.

17 기둥 한 개마다 시접을 접은 후 바늘로 0.5cm 간격으로 홈질하여 줍니다.

18 솜이 적으면 홈질하면서 더 넣어주면 됩니다.

19 기둥 하나의 홈질이 끝나면 잡아당겨 주름지게 합니다. 이때 매듭은 기둥 하나에 각각 주는 게 좋습니다(뜯어지게 되더라도 모두 풀리지 않기 위함).

20 12기둥 모두 같은 모양으로 잡아당겨 마무리합니다.

21 만들어놓은 바닥을 끼워줍니다.

22 퍼프바구니가 완성되었습니다.

가볍게 들고 다니는
친환경 에코백

35 친환경 에코백

예상 재료비 | 약 12,000원 정도
난이도 | ● ○ ○ ○ ○   완성 크기 | 40 cm×44 cm
▶ 동영상 | 5-35. 에코백

▶▶ 재료

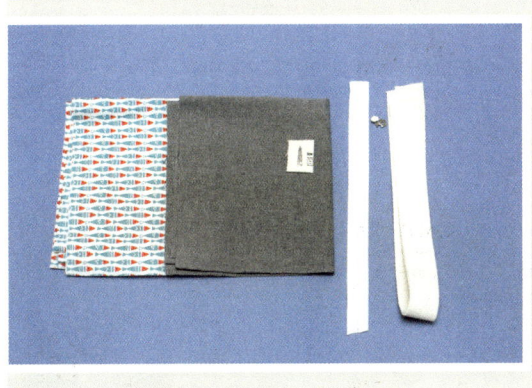

1 무늬 원단
2 무지 원단
3 라벨
4 지퍼, 슬라이드
5 면 끈

▶▶ 재단하기

1 무지 주머니 감 20 cm×45 cm 1장
2 무지 안감 40 cm×88 cm 1장
3 무늬 겉감 40 cm×88 cm 1장
4 바이어스 안감 44 cm×4 cm 2장
5 면 끈 60 cm×3 cm 2줄

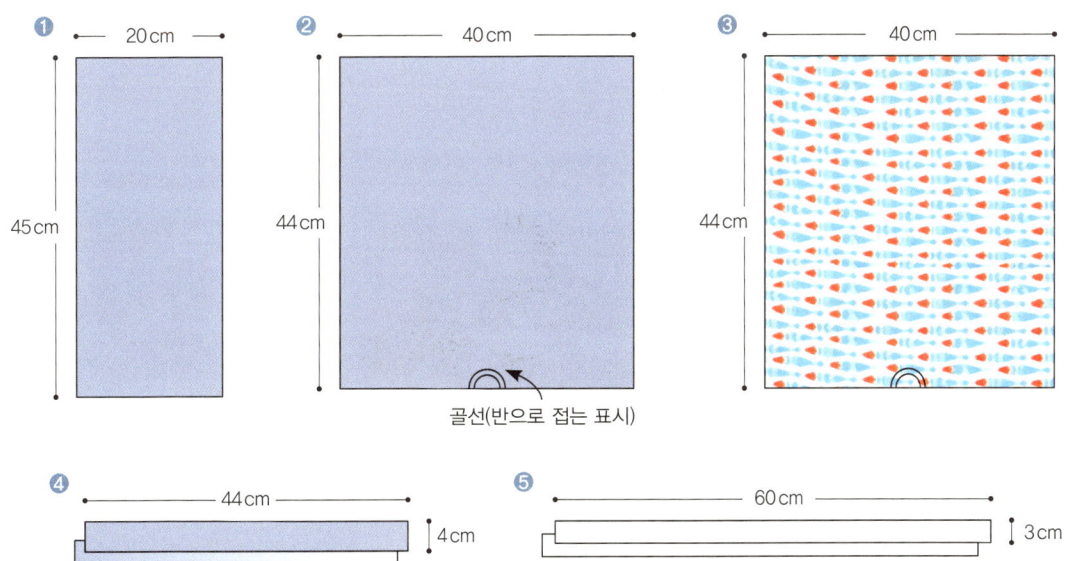

❶ 20 cm / 45 cm

❷ 40 cm / 44 cm / 골선(반으로 접는 표시)

❸ 40 cm / 44 cm

❹ 44 cm / 4 cm

❺ 60 cm / 3 cm

주머니 만들기

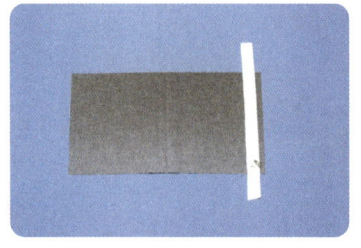

01 주머니감과 지퍼를 준비합니다.

02 ①번 무지 주머니감의 원단 위아래를 오버로크 처리합니다.

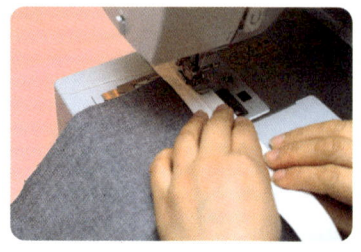

03 외노루발로 교체한 후 오버로크로 처리한 위쪽에 지퍼를 박음질합니다.

04 한쪽 지퍼를 박은 후 주머니감을 반으로 접어줍니다.

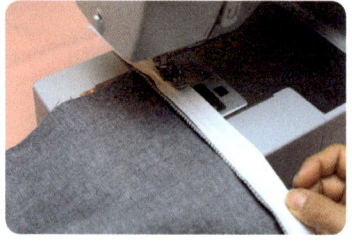

05 반대쪽의 지퍼를 연결하여 박음질합니다.

06 위쪽 지퍼를 벌려 지퍼에 슬라이드를 끼워줍니다.

07 지퍼를 주머니감 양쪽으로 3 cm씩 튀어나오게 놓고 다림질하여 줍니다.

08 주머니 양쪽을 1cm 시접을 그려줍니다.

09 평노루발로 교체한 후 그린 선대로 양쪽을 박음질합니다.

10 지퍼를 주머니 사이즈에 맞추어 깨끗이 잘라줍니다.

11 슬라이드를 벌려 지퍼를 열고 뒤집어줍니다.

12 주머니가 완성되었습니다.

몸판 만들기 ▲▲▲ ----------------------------

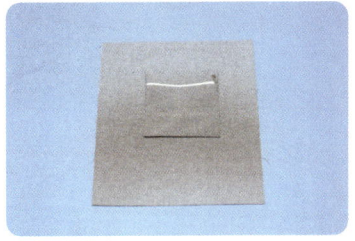

13 ②번 무늬 안감을 재단하고 반으로 접어놓습니다. 주머니를 위에서 7cm 정도 떨어트리고 양옆 중앙에 위치시킵니다.

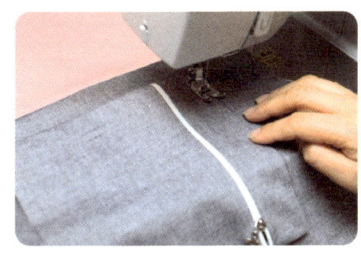

14 반으로 접어놓은 안감을 편 후에 주머니를 끝박음질로 전체를 박음질합니다.

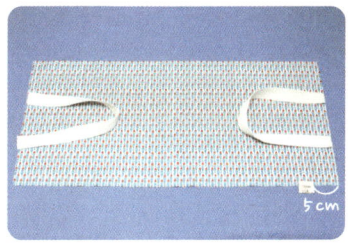

15 ③번 겉감을 편 후 오른쪽 하단 5cm 위치에 라벨을 고정하고, 끈 위치는 중앙에서 끈과 끈 사이가 20cm 정도 되는 곳에 고정합니다.

16 오른쪽 5cm 밑에 시침질한 라벨을 박음질합니다.

17 위아래 끈을 박음질합니다.

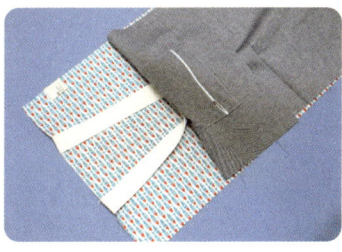

18 만들어놓은 겉감의 겉과 안감의 겉이 마주보게 놓습니다.

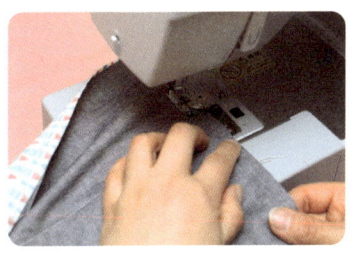

19 끈이 있는 위쪽과 아래쪽만 박음질합니다. 옆쪽 라벨이 있는 부분과 반대쪽은 박음질하지 않습니다.

20 박음질하지 않은 옆쪽으로 뒤집어줍니다.

21 다림질하여 잘 펴지도록 합니다.

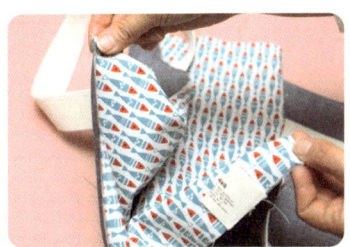

22 양쪽 끈을 맞대도록 몸판을 반으로 접어줍니다.

23 라벨이 달린 쪽과 반대쪽 옆선을 시침질한 후 박음질합니다.

24 반대편 옆선도 박음질하여 몸판을 완성합니다.

바이어스 싸기

25 몸판의 옆선 시접을 가리기 위하여 바이어스를 준비합니다.

26 옆선에 바이어스를 1cm로 위로 남기고 대줍니다.

27 바이어스를 대고 0.7cm로 박음질합니다.

28 뒤집어서 남겨놓은 1cm를 반으로 접어줍니다.

29 반접은 것을 다시 한 번 반으로 접어줍니다.

30 한 번 더 감싸서 고정합니다.

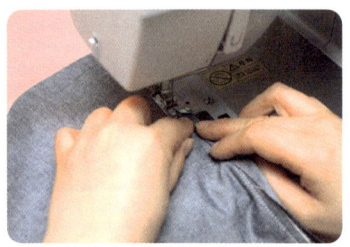

31 바이어스를 끝박음질로 마무리합니다.

32 반대쪽도 같은 방법으로 바이어스를 감싸 박음질합니다.

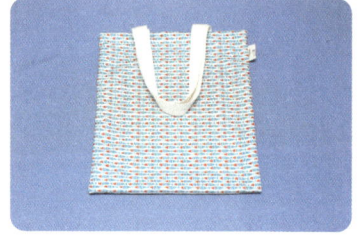

33 바이어스를 단 후 뒤집어주면 에코백이 완성됩니다.

다른 원단!
또 다른 느낌!

어플리케이션
Application

에코백을 만들어 선물해보세요.

언제 어디서든 무엇이든 편리하게 담아서 사용할 수 있는 에코백을 만들어 선물해 보세요. 장바구니용으로 안성맞춤인 친환경적인 에코백은 누구에게나 사랑받는 아이템입니다. 초보자도 한 번만 만들어보면 다양하게 응용하여 자신만의 에코백을 만들 수가 있습니다.

나들이가 즐거워지는

크로스가방

36 크로스가방

예상 재료비 | 약 25,000원
난이도 | ● ● ● ○ ○ **완성 크기** | 30 cm × 20 cm

▶▶ 재료

1 30수 부엉이 원단(겉감 하단)
2 예일 솔리드 원단(겉감 상단, 고리감)
3 2온스 접착솜(속지)
4 30수 무늬 원단(안감, 바이어스)
5 가죽끈(120 cm)
6 3호 지퍼 32 cm
7 가죽 라벨
8 슬라이더

▶▶ 재단하기

❶ 겉감 하단(부엉이 원단) 32 cm × 16.5 cm 2장
❷ 겉감 상단(예일 솔리드 원단) 32 cm × 6.5 cm 2장
❸ 속지 솜 34 cm × 24 cm 2장
❹ 안감(30수 무늬 원단) 32 cm × 22 cm 2장
❺ D링 고리감(예일 솔리드 원단) 7 cm × 5 cm 2장
❻ 안감 바이어스(30수 무늬 원단) 80 cm × 3.5 cm(미리 연결하기)

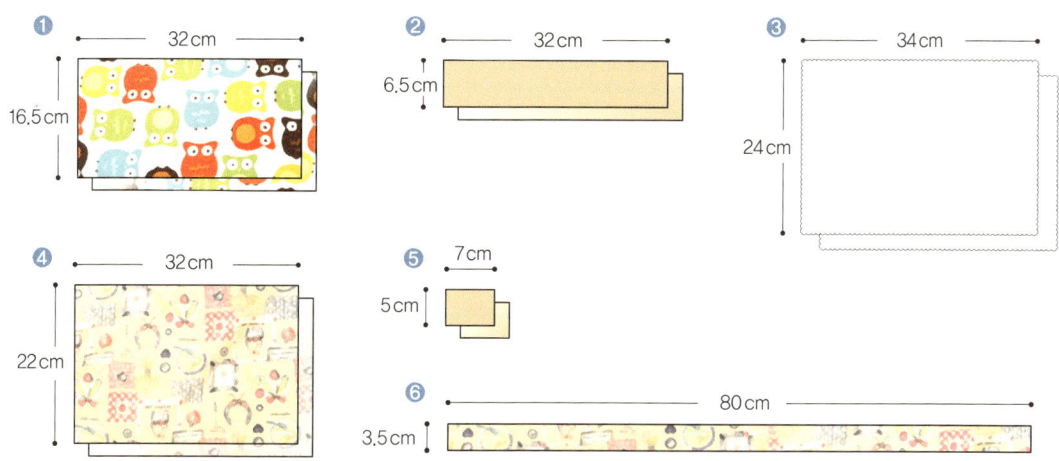

❶ 32 cm / 16.5 cm
❷ 32 cm / 6.5 cm
❸ 34 cm / 24 cm
❹ 32 cm / 22 cm
❺ 7 cm / 5 cm
❻ 80 cm / 3.5 cm

겉감, 안감 만들기 ▲▲▲ -

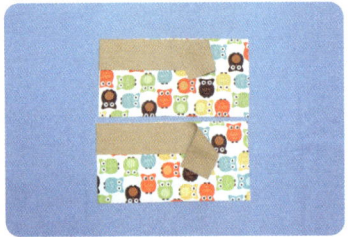

01 겉감 ①번에 겉감 ②번을 놓고 준비합니다.

02 0.7cm로 박음질합니다.

03 시접을 하단으로 해서 겉감 쪽을 다려줍니다.

04 부엉이 원단 쪽에서 0.2cm 눌러 박음질합니다.

05 속지 솜 ③번에 겉감을 놓고 준비합니다.

06 솜이 붙도록 중간 온도로 다려줍니다.

07 상단부터 0.2cm로 박음질합니다.

08 하단까지 0.2cm로 박음질하여 마무리합니다.

09 남는 솜은 잘라냅니다.

10 겉감 뒤쪽(2장)의 하단 모서리 두 곳을 11번처럼 사선으로 접어줍니다.

11 지시선 ①을 먼저 사선으로 접어줍니다.

12 밑(왼쪽)은 1.5cm, 위(오른쪽)에는 3cm 지점을 표시합니다.

13 표시한 선을 따라 사선으로 박음질합니다.

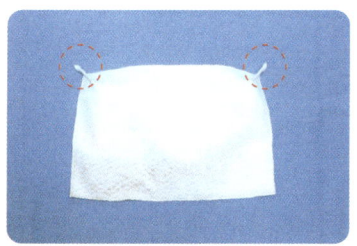

14 지시선 ②도 10~13번 과정을 반복하여 각을 동그라미 표시된 모양으로 만들어줍니다.

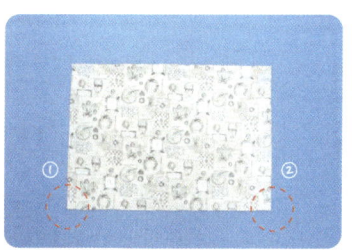

15 안감 뒤쪽(2장)의 하단 지시선 ①,②도 10~13번 과정과 동일하게 만들어줍니다.

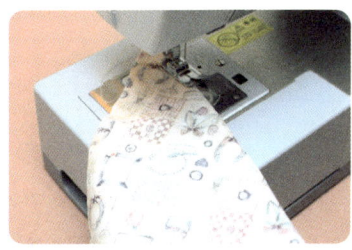

16 안감 ④번 2장도 같은 방법으로 박음질합니다.

17 박음질한 후 안감 모서리에 나온 원단은 가위로 잘라줍니다.

18 겉감도 나온 원단을 가위로 잘라줍니다.

D링 고리 만들기 ▲▲▲ ----------------------------------

19 ⑥번 고리감 2장을 반으로 접어 다려줍니다.

20 반으로 접은 고리감의 옆선을 0.7cm로 박음질합니다.

21 시접을 가름솔로 벌려줍니다.

22 가름솔한 모습입니다.

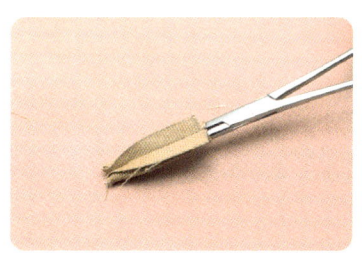

23 뒤집개를 이용해 뒤집어줍니다.

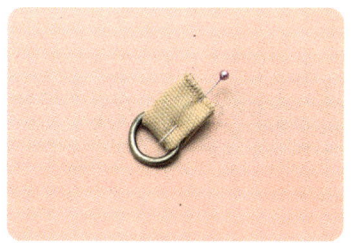

24 고리감을 반으로 접어 D링에 끼우고 시침핀으로 고정합니다.

25 아래쪽을 0.5cm로 박음질합니다.

26 겉감 상단에 양옆으로 고리감을 중간에 배치해 놓고 박음질을 준비합니다.

27 고리감의 양옆을 0.5cm로 박음질합니다.

지퍼 연결하기

28 지퍼노루발로 교체한 후 겉감에 지퍼의 겉을 놓고 준비합니다.

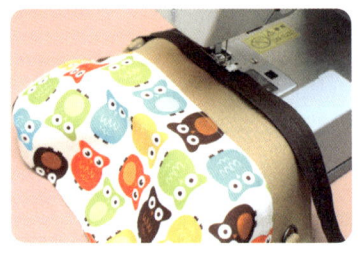

29 지퍼의 중앙을 박음질합니다.

30 지퍼를 연결한 겉감 밑에 안감 겉을 올려놓고 박음질을 준비합니다.

31 안감 쪽에서 박음선을 따라 박음질해줍니다.

32 안감을 겉감 쪽으로 뒤집어줍니다.

33 바닥 각의 시접을 엇갈려서 맞춘 다음 시침핀으로 고정합니다.

34 겉감 지퍼 쪽에서 0.3cm를 눌러 박음질합니다.

35 반대쪽에도 같은 방법으로 겉끼리 대고 준비합니다.

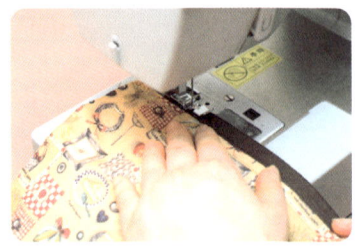

36 안감 쪽에서 지퍼 중앙을 박음질합니다.

37 안감끼리 마주대고 준비합니다.

38 박음질한 선을 따라 박음질합니다.

39 각을 세운 시접을 엇갈려서 맞춥니다.

40 모양 전체를 시침핀으로 고정합니다.

41 겉감 반대쪽을 먼저 0.3cm로 눌러 박음질합니다.

42 평발 노루발로 교체한 후 전체 가장자리 둘레를 처음 박음질한 선을 따라 박음질합니다.

43 슬라이더를 지퍼 중앙까지 끼워줍니다.

다른 원단!
또 다른 느낌!

라벨, 안감 바이어스 싸주기 ▲▲▲ ------------

44 겉감의 중앙을 표시하고 가죽 라벨을 준비합니다.

45 매듭을 라벨 안에서 시작해서(실은 4겹으로 함) 라벨 구멍에 맞추어 3~4번 떠서 꿰매줍니다.

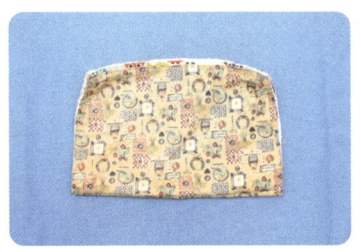

46 겉감끼리 대고 반을 접어 준비합니다.

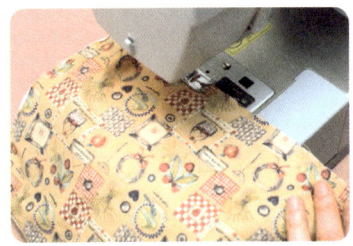

47 전체 둘레를 0.3cm로 박음질합니다.

48 ⑥번 안감 바이어스를 시작하기 전 위쪽을 2cm 정도 남기고 시접 0.7cm로 박음질을 시작합니다.

49 전체 둘레를 박음질하고 끝낼 때에도 2cm 남기고 박음질합니다.

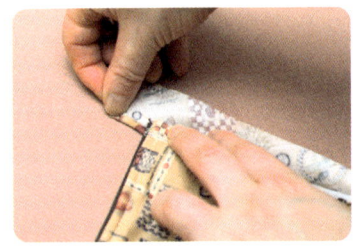

50 시작 전에 2cm 남긴 것을 왼쪽 시접대로 접어줍니다.

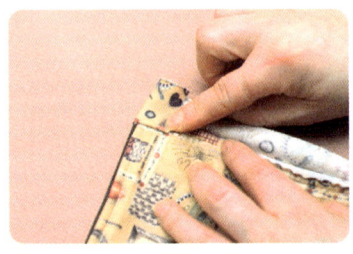

51 왼쪽을 접은 후 위쪽 2cm를 아래쪽 방향으로 접어줍니다.

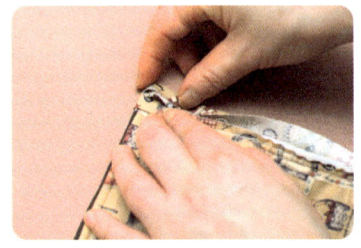

52 다시 오른쪽의 반을 접습니다.

53 안쪽으로 바이어스를 감싸줍니다.

54 전체 둘레를 0.2cm로 끝박음질합니다.

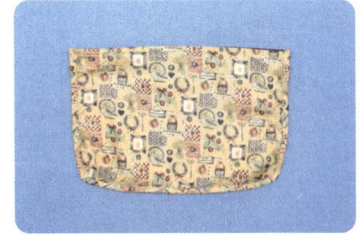

55 전체 둘레를 바이어스로 싸준 모습입니다.

56 뒤집기 전에 지퍼를 열어줍니다.

57 마지막으로 뒤집어줍니다.

58 가죽 끈을 달면 크로스 가방이 완성되었습니다.

패치워크로 고급스러움을 주세요

고급스러운 패치워크로 멋진 크로스 가방을 만들어보세요.

마음에 드는 아지미노 원단 5가지를 이용해 9.5cm×9.5cm로 재단하여 총 16장을 만듭니다. 브라운 크랙 원단 겉감 상단 2장을 패치워크한 원단에 대고 크로스 가방 만들기 1~58번까지 같은 방법으로 만들어줍니다.

패션을 완성해주는

백팩

37 백팩

예상 재료비 | 약 45,000원
난이도 | ●●●●○　완성 크기 | 45cm×30cm

▶ 재료

1 무늬 원단(리넨) 겉감
2 무늬 원단(30수면) 안감
3 무지 원단(바이어스 감)
4 사시꼬미
5 가방끈
6 가죽고리
7 5온스 접착솜

▶ 재단하기

❶ 겉감 리넨 45cm×90cm 시접 포함 1장
❷ 안감 30수 면 45cm×90cm 시접 포함 1장
❸ 바이어스 4cm×45cm 1장
❹ 바이어스 4.5cm×200cm 1장

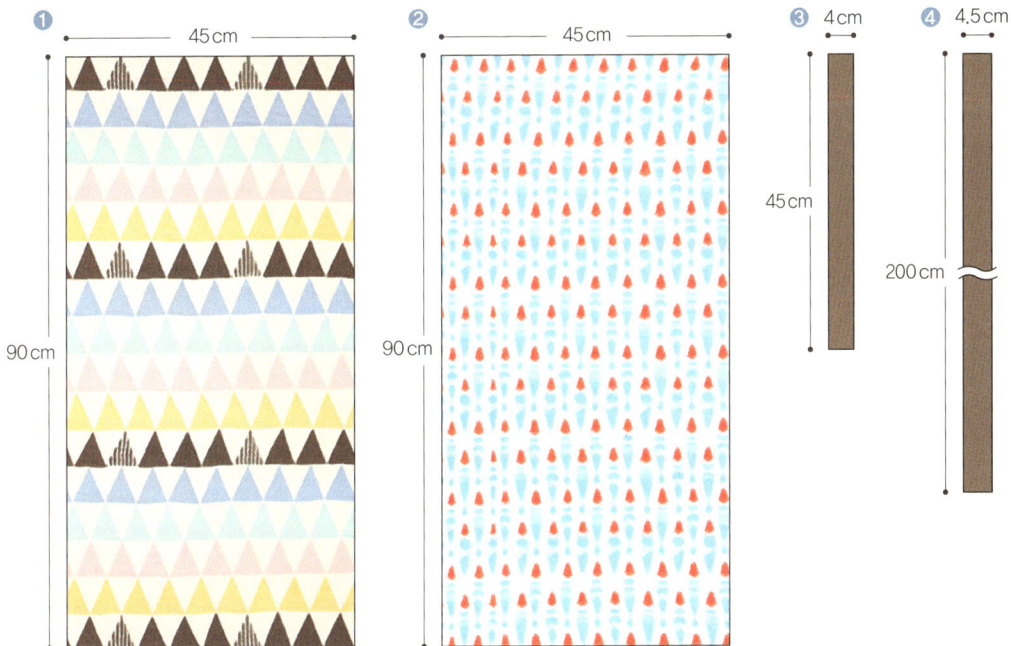

❶ 45cm / 90cm
❷ 45cm / 90cm
❸ 4cm / 45cm
❹ 4.5cm / 200cm

몸판 만들기 ▲▲▲

01 ①번 겉감, 5온스 접착솜, ②번 안감을 순서대로 올려놓고 준비합니다.

02 겉감 무늬에 맞추어 앞판을 누벼 박음질합니다.

03 솜과 안감은 겉감 보다 1cm정도 크게 자른 뒤 박음질합니다(누빌 때 줄어들 수 있기 때문).

04 전체를 모양으로 누빈 모습입니다.

05 누빈 후 45cm×90cm 사이즈로 재단하여 줍니다.

바이어스 싸기 ▲▲▲

06 바이어스(4cm×45cm)를 몸판 아랫부분에 대고 준비합니다.

07 바이어스를 안감 쪽부터 박음질합니다.

08 반대쪽으로 뒤집어 바이어스를 말아 박음질합니다.

09 겉지를 30cm 정도 접어놓습니다.

10 접어놓은 양쪽을 0.7cm로 박음질합니다.

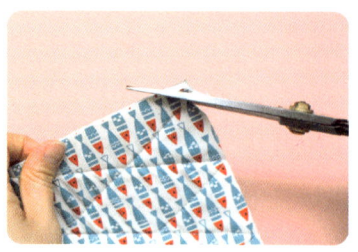

11 15cm 남겨진 위쪽부분을 둥글게 잘라냅니다(뚜껑이 될 부분).

12 다른 한 쪽도 둥글게 잘라냅니다.

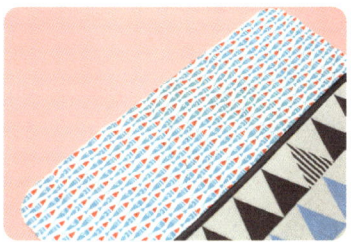

13 뚜껑부분 양쪽 모서리를 동그란 모양으로 잘라줍니다.

14 전체 바이어스를 감싸 박음질을 준비합니다. 옆쪽부터 바이어스(4.5cm×200cm)를 박음질합니다. 바이어스를 시작하기 전에 2cm 정도 남기고 시작합니다.

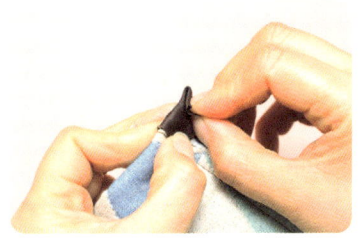

15 한쪽을 다 박음질한 후 반대쪽으로 뒤집어서 위에 남은 2cm를 안쪽으로 접어줍니다.

16 2cm를 접은 후 오른쪽에 남은 바이어스를 2번 접습니다.

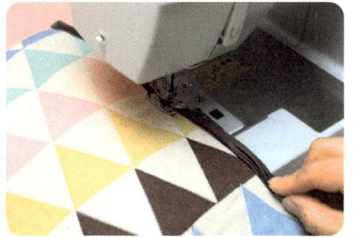

17 전체를 박음질합니다.

주름잡기 ▲▲▲ ‑

18 가방의 주름을 잡기 위해 포켓 쪽 양쪽에 10cm를 표시합니다.

19 표시한 곳을 외줄로 주름을 잡아줍니다.

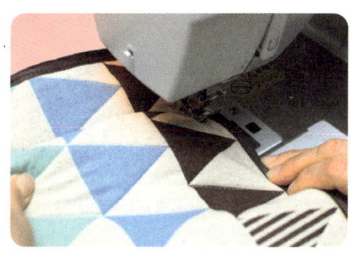

20 주름잡은 곳만 박음질합니다.

21 나머지 한쪽도 주름을 잡아 박음질합니다. 양쪽을 주름잡은 모습입니다.

22 뚜껑 부분은 양쪽을 12cm씩 표시하여 외줄주름을 잡아줍니다.

23 주름잡은 곳을 고정하기 위하여 안쪽을 접어줍니다.

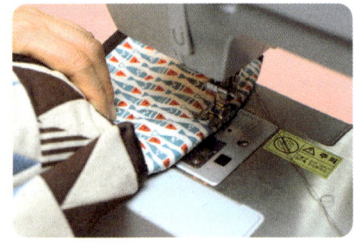

24 주름잡은 안쪽을 박음질합니다. 뚜껑부분의 박음질은 뚜껑의 1/3만 박음질을 합니다.

25 뚜껑 부분을 외줄주름 잡아준 모양입니다.

삼각 접기 ▲▲▲ –

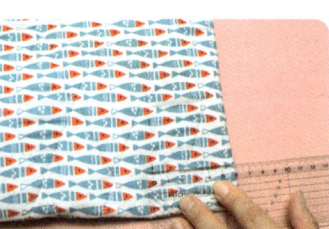

26 가방 바닥 양쪽을 앞뒤로 5cm×5cm로 각을 잡기 위해 표시합니다.

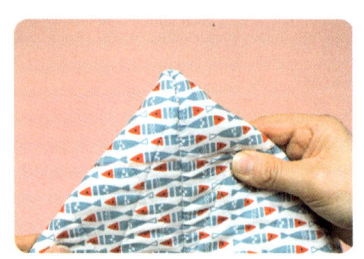

27 바닥의 모서리 한쪽을 삼각형 모양으로 접어주면 5cm로 표시한 부분이 일직선으로 만나게 됩니다.

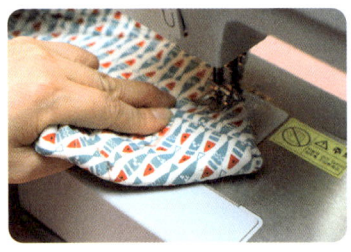

28 삼각형으로 접은 후 일직선으로 만나는 부분으로 박음질합니다.

29 양쪽을 박음질한 후 뒤집어서 완성된 각을 확인합니다.

단추, 장식달기

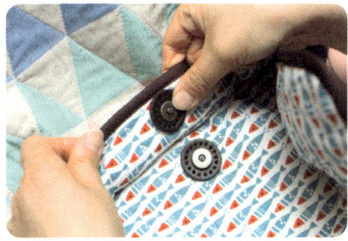

30 주머니 안쪽에 맞닿은 부분에 똑딱이 단추를 달아줍니다.

31 뚜껑 부분에는 사시꼬미를 중앙에 달아줍니다.

32 뚜껑 아랫부분에 반대쪽 장식을 달아줍니다.

33 바늘을 이용하여 손바느질로 달아줍니다.

34 배낭 바닥에 배낭끈 아래 고리를 양쪽에 달아줍니다.

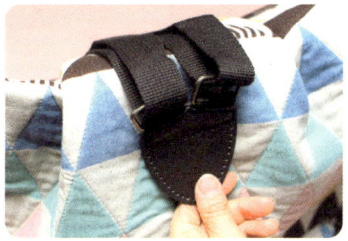

35 배낭 등판 쪽에 배낭끈의 윗부분을 달아줍니다.

36 백팩이 완성되었습니다.

38

놀이와 여행이 즐거운

여행용 가방

38 여행용 가방

예상 재료비 | 약 18,000원
난이도 | ● ● ● ○ ○　　완성 크기 | 45cm×26cm

▶▶ 재료

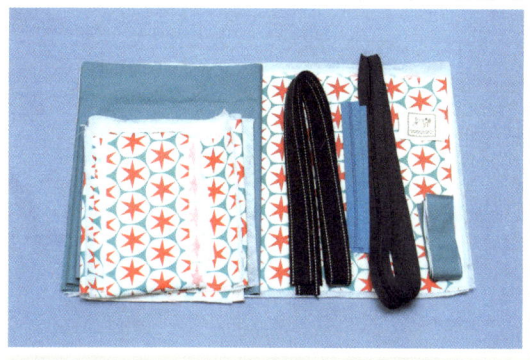

1 옥스퍼드 원단(앞판, 뒤판, 바닥, 지퍼, 주머니)
2 2온스 접착솜(안감 앞, 뒤판, 바닥, 지퍼, 주머니)
3 방수원단(안감, 바이어스)
4 웨이빙 끈 118cm×3cm 폭
5 5호 지퍼 63cm
6 3호 지퍼 20cm
7 라벨
8 슬라이더 3호용, 5호용
9 1온스 접착솜(주머니 안감)

▶▶ 재단하기

❶ 겉감 앞판, 뒤판(옥스퍼드 원단) 47cm×28cm 2장
❷ 안감 솜 앞, 뒤판(2온스 접착솜) 49cm×30cm 2장
❸ 겉감 바닥(옥스퍼드 원단) 85cm×22cm 1장
❹ 안감 솜바닥(2온스 접착솜) 87cm×24cm 1장
❺ 안감 바닥(방수 원단) 87cm×24cm 1장
❻ 겉감 주머니(옥스퍼드 원단) 20cm×20cm 2장
❼ 안감 솜 주머니(1온스 접착솜) 22cm×20cm 2장
❽ 겉감 지퍼감(옥스퍼드 원단) 63cm×10cm 2장
❾ 안감 솜 지퍼감(2온스 접착솜) 65cm×12cm 2장
❿ 안감 지퍼감(방수 원단) 65cm×12cm 2장
⓫ 안감 주머니(방수 원단) 22cm×22cm 2장
⓬ 안감(방수 원단) 49cm×30cm 2장
⓭ 안감 바이어스 3.5cm×350cm 2장(사선 재단) ※미리 연결

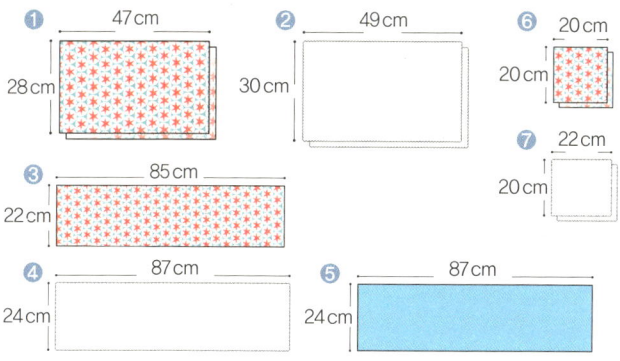

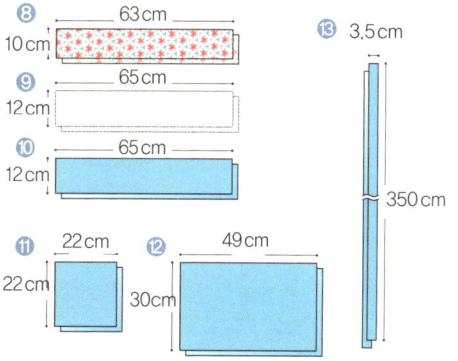

겉감 만들기 ▲▲▲ --------------------------------

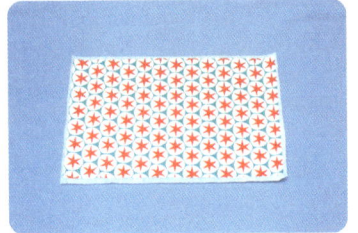

01 ①번 겉감 앞판과 뒤판 원단을 ②번 안감 솜 위에 놓고 준비합니다.

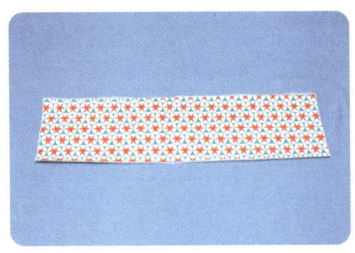

02 ③번 겉감 바닥 원단을 ④번 안감 솜 위에 놓고 밑에는 ⑤번 안감 바닥 원단을 놓고 준비를 합니다.

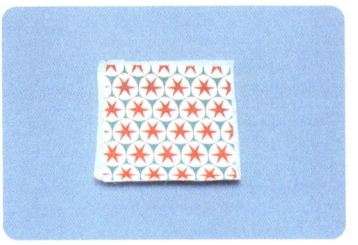

03 ⑥번 겉감 주머니를 ⑦번 안감 솜 위에 놓고 준비합니다(2장 모두 같은 방법).

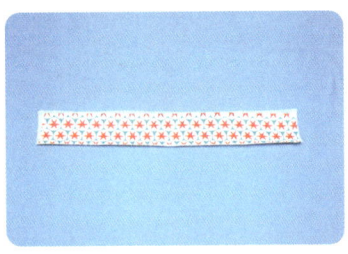

04 ⑧번 겉감 지퍼감을 ⑨번 안감 솜 지퍼감 위에 놓고 밑에는 ⑩번 안감 지퍼감을 놓고 준비합니다(2장).

05 접착솜은 약하면 잘 붙지 않고 강하면 늘려 붙는 경우가 생기므로 모두 중간 온도로 맞추어 다려줍니다.

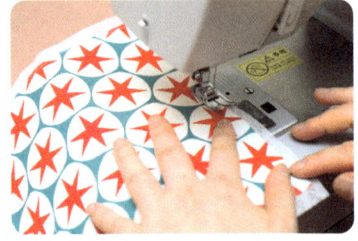

06 앞, 뒤판, 바닥(안감), 주머니, 지퍼감(안감) 모두 0.2cm로 박음질합니다.

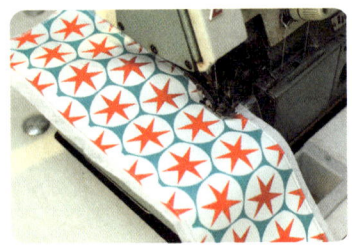

07 솜 쪽 말고 원단에 맞추어 모두 오버로크하여 줍니다.

겉감 만들기 ▲▲▲ --

08 문양에 따라 사선으로 그려줍니다.

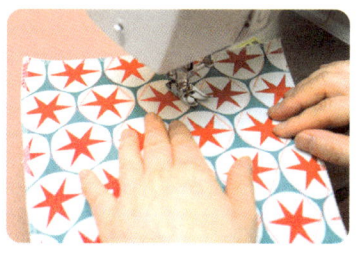

09 맘에 드는 자수로 버튼을 맞추고 그려준 선을 따라 누벼줍니다.

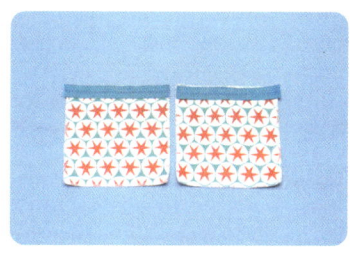

10 주머니 2장의 누빈 겉에 3호 지퍼 (20cm) 겉을 놓고 준비합니다.

11 지퍼노루발로 교체한 후 지퍼 중앙을 박음질합니다.

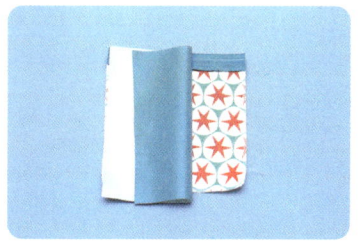

12 지퍼를 박음질한 겉감 위에 ⑪번 안감 주머니의 겉을 놓고 준비합니다.

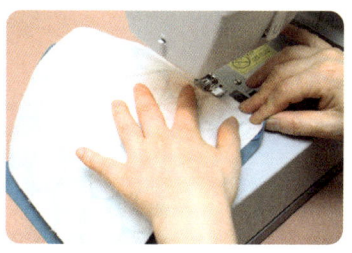

13 솜 쪽에서 지퍼를 박음질한 선을 따라 박음질합니다.

14 안감을 뒤로 넘겨준 겉감 모습입니다.

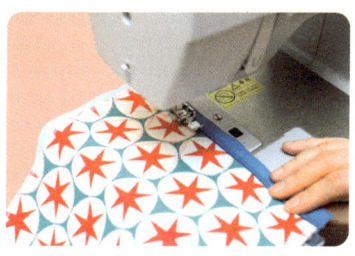

15 겉감 지퍼를 0.5cm로 눌러 박음질합니다.

16 겉감의 옆선도 박음질합니다.

17 하단 옆선도 박음질합니다(남은 주머니 1장도 같은 방법).

18 남은 방수 원단을 가위로 잘라줍니다.

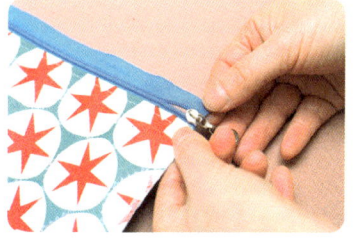

19 지퍼에 슬라이더를 끼워줍니다.

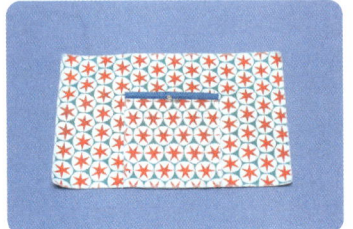

20 앞판 중앙에 주머니를 놓고 준비합니다.

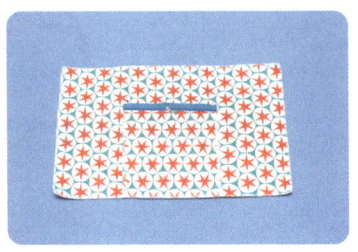

21 뒤판도 같은 방법으로 올려놓고 준비합니다.

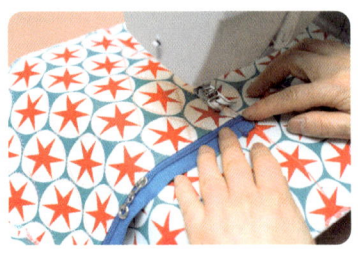

22 주머니 옆선부터 박음질을 시작합니다.

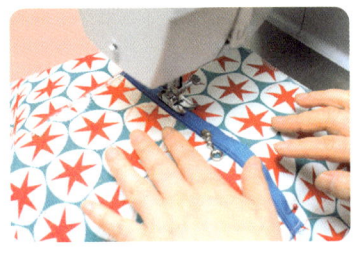

23 지퍼 위와 옆선, 하단을 0.3cm로 박음질합니다(뒤판도 같은 방법).

24 주머니 박음질한 겉감 앞판 밑에 ⑫번 안감의 뒤를 놓고 준비합니다.

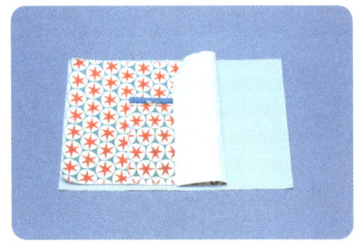

25 나머지 남은 한 장 뒤판의 밑에도 ⑫번 안감을 뒤로 놓고 준비합니다.

26 노루발을 평발로 교체한 후 겉감 앞판 전체 박음선을 따라 박음질합니다.

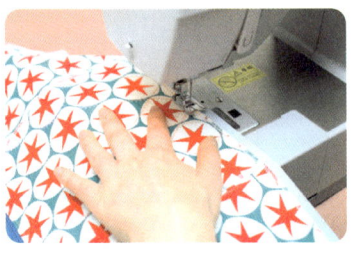

27 겉감 뒤판도 박음선을 따라 박음질합니다.

28 남은 안감은 가위로 잘라줍니다.

29 라벨을 양쪽 0.5cm로 접어 다려줍니다.

30 겉감 앞판의 주머니 위 중앙에 라벨을 올려놓고 준비합니다.

31 라벨을 전체 0.2cm로 끝박음질합니다.

끈 박음질 ▲▲▲

32 겉감 앞판에 끈을 주머니 0.5cm 안쪽으로 올려놓고 준비합니다.

33 겉감 뒤판도 같은 방법으로 끈을 올려놓고 준비합니다.

34 시침핀을 꽂고 끈을 위에서 3cm, 6cm 표시합니다.

35 사진처럼 ⊠ 모양으로 그려줍니다.

36 끈 위에서 3cm 부분부터 우선 박음질합니다.

37 옆을 박음질한 후 하단을 박음질하고 옆 사선으로 하단(두 번 박음질), 위(두 번 박음질) 순서대로 박음질합니다.

지퍼와 바닥 연결하기 ▲▲▲

38 겉감 지퍼감 겉에 5호 지퍼 겉을 놓고 준비합니다.

39 지퍼 노루발로 교체한 후 지퍼 중앙을 박음질합니다.

40 시접을 뒤로 하고 겉에서 0.5cm로 박음질합니다.

41 지퍼를 단 겉에 지퍼감 겉을 대고 준비합니다.

42 뒤쪽에서 지퍼 중앙을 박음질합니다.

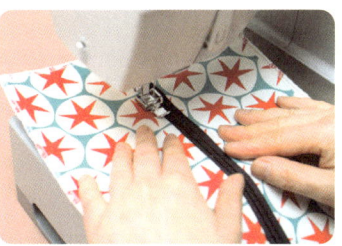

43 겉에서 0.5cm 눌러 박음질합니다.

44 슬라이더를 지퍼 중앙까지 박음질
합니다.

45 지퍼를 박음질한 겉에 바닥 겉을
대고 준비합니다.

46 평노루발로 교체한 후 송곳으로 눌
러가며 0.7cm로 박음질합니다.

47 연결한 ⑬번 바이어스를 올려놓습
니다.

48 바이어스를 0.7cm로 박음질합니다.

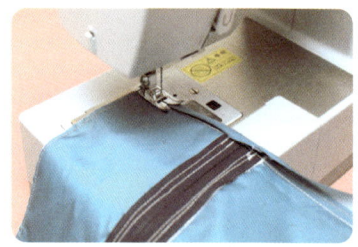

49 바이어스를 두 번 접어 감싸 박음
질합니다.

50 바이어스를 싼 곳을 뒤집어서 펼친
후 겉에서 0.5cm로 눌러 박음질합
니다(시접은 바닥 쪽 방향으로 하기).

51 박음질하여 바이어스가 싸진 뒷모
습입니다.

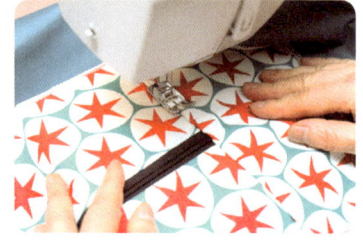

52 반대편도 같은 방법으로 안감 바이
어스를 싸주고 겉에서 눌러 박음질
합니다.

앞판, 뒤판, 바닥 둘레 연결하기 ▲▲▲ ----------

53 앞판과 뒤판 하단에 각각 중앙 위
치를 표시합니다.

54 바닥에도 중앙 표시를 해줍니다.

55 앞판, 뒤판의 겉과 바닥 겉을 시침
핀으로 고정합니다.

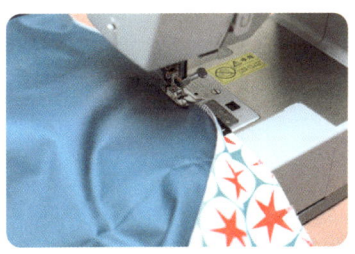

56 표시한 바닥 중앙부터 0.7cm로 둘레 박음질합니다.

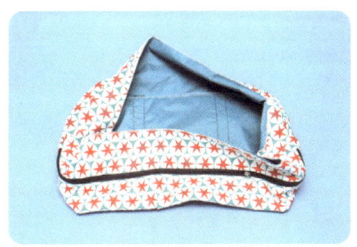

57 한쪽 둘레를 박음질한 모습입니다.

58 같은 방법으로 다른 쪽도 둘레를 박음질합니다.

59 박음질한 모습입니다.

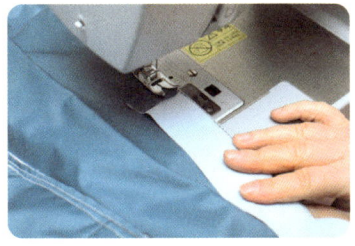

60 안감 바이어스는 바닥부터 2cm를 접은 후 시작합니다.

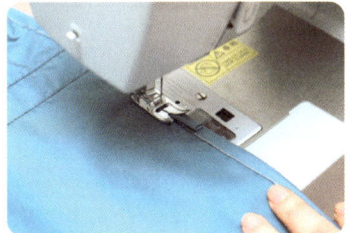

61 뒤집어서 바이어스를 두 번 접어 싸주면서 마무리합니다.

62 안감 바이어스를 전체 감싸준 모습입니다.

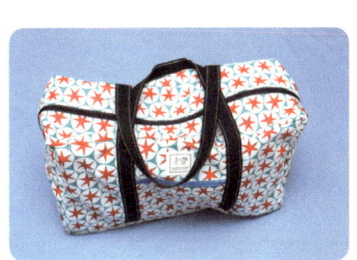

63 여행용 가방이 완성되었습니다.

2013
벤처기업
선정
KIBO

mising story

대한민국 벤처기업 대표 미싱브랜드
[제20130103132호]

미싱스토리 미싱은 최고의 품질과 성능을 자랑합니다.

전자파인증통과(안정성보장)/Made in Taiwan(대만생산 고품질 제품)/
삼성화재 2억원 생산물배상책임보험 가입

프리미엄 가정용 재봉기

Story 200

가성비 최고의 기능성 고급 재봉기

· 기본 200가지 패턴내장 (영문,숫자 패턴지원)
· 버튼식 시작/멈춤기능
· 고성능 LCD 창
· 다양한 편의기능 / 수평가마 방식
· 통주물 메탈프레임
· 자동실까우기
· 메모리기능
· 고급 하드보드 타입 케이스

고성능 가정용 재봉기

Story 8466

귀엽고 산뜻한 디자인의 고기능성 재봉기

· 기본 66가지 패턴내장
· 버튼식 시작/멈춤기능
· 고성능 LCD 창
· 속도조절, 바늘상하조절후진재봉기능
· 수평 가마 방식
· 통주물 메탈프레임
· 자동실까우기
· 확장테이블 기본제공

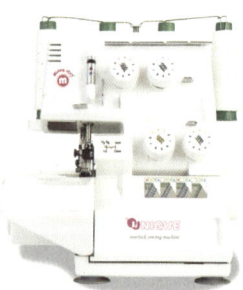

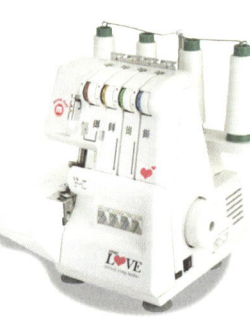

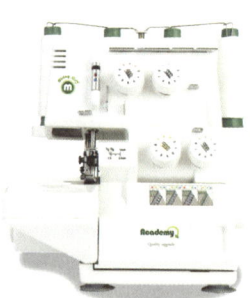

가정용 오버룩 재봉기

Unique, Love, AcademyQ

쉽고 편리한 기능성 가정용 오버룩

· 신개념 인터룩 전환방식
· 3색실, 4색실 오버룩
· 정밀한 실장력조절 다이얼
· 간편한 땀길이, 차동비조절기능
· 업그레이드된 프리암 개봉기능
· 반영구적 LED 조명
· 동영상 사용법 CD 제공

커버스티치 전용 프리미엄 재봉기

Cover Story

기능성 커버스티치 전용 재봉기

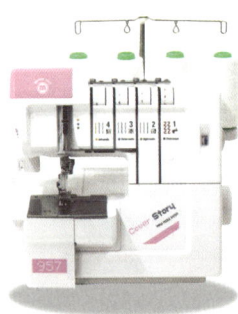

· 2,3,4색 커버스티치,이중체인스티치
· 정밀한 실장력조절 다이얼
· 편리한 실까우기 가이드
· 아래루퍼 자동실까우기 장치
· 간편한 땀길이, 차동비조절기능
· 노루발 입력조절 다이얼
· 넓은 작업공간
· 은은한 내장조명

프리미엄 오버룩 재봉기

Story Lock

기능성 오버룩 전용 재봉기

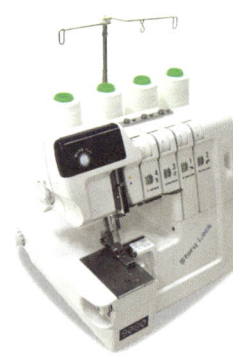

· 2,3,4색 오버룩, 인터룩
· 손쉬운 인터룩 전환방식
· 정밀한 실장력조절 다이얼
· 상/하칼 사용으로 깔끔한 마무리
· 아래루퍼 자동실까우기 장치
· 간편한 땀길이, 차동비조절기능
· 노루발 입력조절 다이얼
· 은은한 내장조명

대 한 민 국 대 표 미 싱 브 랜 드

mising story

(주) 미싱이야기　www.misingstory.com　E-mail:misingstory@misingstory.co.kr

서울특별시 관악구 남부순환로 1413　│　고/객/센/터 [전국] 1588-8879, Fax [02] 830-6283

**"안녕하세요
주식회사 미싱이야기입니다."**

저희 미싱이야기는 지난 수 십 년간 한국 미싱업계에서 촉망 받는 기업으로 인정 받아온 '대양미싱총판'의 기술개발팀의 분사로 2010년 설립되었습니다.

미싱이야기는 고객서비스에 중점을 두어 기본 상품소개와 판매뿐 아니라 재봉에 관심이 있는 고객에게 필요한 기초지식과 사용법에 관한 방대한 자료를 제공하고 있으며 정기교육을 통해 고객과의 친밀도를 높이고 있습니다. 또한 고객이 최고의 서비스를 빠른 시간내에 받을 수 있도록 전국적인 서비스 네트워크를 구축하고 있습니다.

단순 판매를 위한 컨텐츠가 아니라 실제로 봉재와 자수에 관심있는 이들이 미싱을 사용하기 위해서 필요한 기초 지식과 기기 사용법에 관한 방대한 자료를 제공하고 장소 협찬 및 전시회등 많은 활동을 하고 있습니다.

가성비최고
직결형 자동사절 본봉
MS930-S

Direct-coupled lockstitch sewing machine

- 직결형 내장모터 장착 (절전, 저소음, 저진동)
- 최대 5000r.p.m의 강력한 파워
- 간편한 자동 사절 기능
- 강력하고 우수한 열처리 바늘대 장착
- 편리한 전자 컨트롤러 (속도조절,도매,사절유무)

 모터내장   사절기능   편의성

특 허 있 는
공업용 무소음 오버록
MS744ADD

High-Speed Direct-Drive Overlock Sewing Machine

- 오버로크 재봉기 특허획득! (특허번호 : 10-1107725)
- 직결형 내장모터 장착 (절전, 저소음, 저진동)
- 정밀하고 우수한 바느질 패턴구현
- 간편한 땀길이, 차동비조절기능
- 편리한 컨트롤 박스 (속도조절,바늘상정지)

모터내장   절전형   편의성

대 한 민 국 대 표 미 싱 브 랜 드

(주) 미싱이야기 www.misingstory.com E-mail:misingstory@misingstory.co.kr

서울특별시 관악구 남부순환로 1413 │ 고/객/센/터 [전국] 1588-8879, Fax [02] 830-6283

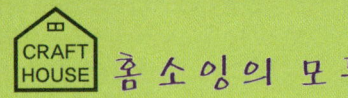

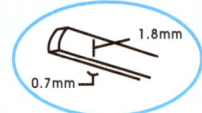

CFM초크펜슬(사각)

손으로 잡는 부분에 미끄럼방지 라인이 있어서 사용이 편리합니다.
심이 직사각이라 얇은선, 굵은선 모두 표현이 가능합니다.
보통의 샤프와 다르게 엄지손닿는 부분에
버튼이 있어서 사용중에 샤프심이 나오게
누를 수 있어서 편리합니다.

1.8mm
0.7mm

초크심 리필 : 핑크, 블루, 옐로, 화이트

칼라시접자

Craft 자

OEM생산한 제품으로 세계각국에 수출되고 있으며
정확도와 뛰어난 내구성이 특징입니다.
색상은 흑백 & 칼라가 있으며
사이즈는 15, 20, 30, 50 cm가있습니다.

20cm 시접자

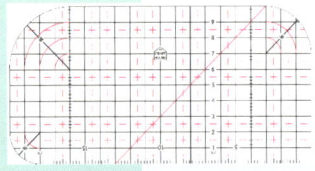

Iron시접자 - 눈금표시가 되어 있어 원단을 접을때 유용합니다.
다리미로 다려도 눌러붙지않습니다.

CFM초크펜슬

2mm의 초크펜으로 눌러서 길이 조절을 해서
사용할 수 있어서 편리합니다.
샤프심이 견고합니다.

초크심 리필 : 화이트, 옐로, 핑크, 블루, 멀티

Tools

Craft 가위

앤틱한 느낌으로 제작된 고급 가위입니다.
약(가로)4cm x (세로)9.2cm

Pink color

Blue color

Craft 자석 핀쿠션

핀케이스가 따로 있어서 휴대용으로 아주 좋습니다.
중앙에 홈이 있어서 핀을 잡기에 아주 편리합니다.

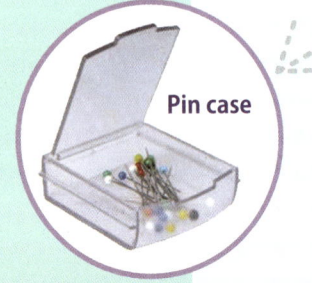

Pin case

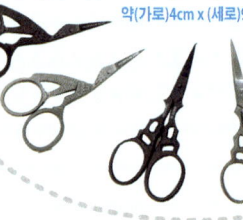

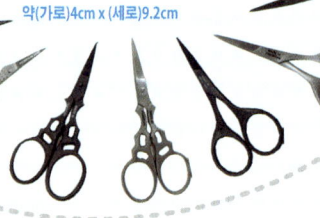

Clover 바이어스 메이커

바이어스를 손쉽게 만들 수 있게 도와주는 도구.
원단용 양면테잎을 부착할 수도 있습니다.

CRAFT HOUSE
홈 소잉 의 모 든 것
www.crafthouse.co.kr

크래프트 하우스가 매장을 오픈합니다.
강변 테크노마트 2층에 오시면 다양한 Item
과 컨셉을 보실수 있습니다.
회원제 운영 으로 동대문보다 저렴한가격!!